BILDREPORT WELTKRIEG II

Heinz J. Nowarra

Die Ju 88

und ihre Folgemuster

Motorbuch Verlag Stuttgart

Einband und Schutzumschlag: Siegfried Horn

Fotoquellen: 1 Bild Smithsonian Institution, Washington,
alle übrigen Bilder stammen aus dem Archiv des Autors.

ISBN 3-87943-579-0

3. Auflage 1987

Eine Abteilung des Buch- und Verlagshauses Paul Pietsch GmbH & Co KG.

Satz und Druck: Druckerei C. Maurer, 7340 Geislingen.
Bindung: Großbuchbinderei E. Riethmüller & Co., 7000 Stuttgart 1.
Printed in Germany

INHALTSVERZEICHNIS

EINLEITUNG

Dieses Buch ist das Ergebnis einer intensiven Sammelarbeit, die sich über 28 Jahre erstreckte. Es ist aber auch zum Teil ein persönlicher Erlebnisbericht aus der Zeit von Januar 1942 bis zum Kriegsende. Als Sachbearbeiter für den Ersatzteilnachschub der Ju 88, soweit es die Baugruppen 6 bis 9 und die Sonder- und Großbauteile Leitwerk betraf, habe ich das Schicksal der Ju 88 und ihrer Nachfolgemuster in dieser Zeit miterlebt.
Nach dem Kriege habe ich dann versucht, aller Unterlagen, die noch existierten, habhaft zu werden. Ohne die Hilfe von vielen, die meinen Wunsch verstanden, ein Bild dieses Flugzeugs zu zeichnen, das damals meinen Lebensinhalt bildete, wäre diese Arbeit nicht durchführbar gewesen. Daher möchte ich an dieser Stelle allen danken, die mir geholfen haben. Drei von ihnen weilen nicht mehr unter uns: Generaloberst Alfred Keller, einst Chef der Luftflotte 1, Flugkapitän Otto Brauer, einst Major d.R. der Luftwaffe, und Dr. Eckart Krüger, einst Bordfunker beim KG 76. Daneben gilt mein Dank Herrn Brüschke, dem Leiter des Photo-Archivs der JFM im Bauhaus in Dessau, dessen Schätze ich nur zu oft inspizierte. Außerdem danke ich besonders – denn es ist mir unmöglich alle zu nennen – Peter M. Bowers (USA), Thijs Postma (Holland), Jean Devaux (Frankreich), Helmuth Rosenboom, Rainer Haufschild, Gebhard Aders, Dipl. Ing. W. Zucker und, last not least, auch dem ehemaligen technischen Redakteur der »Flugrevue«, Gert W. Heumann, der einmal geschrieben hat, daß kein Flugzeug ihn so fasziniert hätte wie die Ju 88. Obwohl wir Gegner waren, bedauere ich seinen frühen Tod.
Ich hoffe, daß es mir gelungen ist, das Bild dieses Flugzeugs zu zeigen, das Bild der Männer und der Verbände, die es geflogen haben, und einen Teil der Leistungen, die mit ihm vollbracht wurden.

Harreshausen, den 19. 9. 1977

Heinz J. Nowarra

1. Teil

Ju 88

Das Arbeitspferd der Luftwaffe

Anfang 1935 erhielten die vier deutschen Flugzeugwerke Junkers, Focke-Wulf, Messerschmitt und Henschel eine Ausschreibung des Technischen Amtes im Reichsluftfahrtministerium (GL/C 2). Gefordert wurde ein Schnellbomber mit folgenden Eigenschaften: 3 Mann Besatzung, Bewaffnung mit nur 1 MG 15 im B-Stand (hinten oben), Bombenlast 700–800 kg, Startstrecke 700 m, Landestrecke 400 m, Steigfähigkeit 7000 m in 25 Minuten, Kurzwellenfunkgerät mit 1300 km Reichweite, optisches Bombenzielgerät (Lotfe) mit mechanischer Notanlage, Sprechfunkanlage mit 30 km Reichweite, Höhen-Atmungsanlage, Spezial-Navigationsausrüstung, UKW-Landehilfe, Enteisungsanlage, elektrische Scheibenbeheizung, leichter Behälterschutz.

Der Generalstabschef der Luftwaffe, Generalleutnant Wever, sah mit diesem Typ eine Ergänzung der von ihm geplanten schweren Strategischen Bomberwaffe (Do 19, Ju 89) vor. Als Wever 1937 tödlich verunglückte, wurde sein Konzept aufgegeben. Damit wurde die Entwicklung der Langstreckenbomber, die man ab 1940 dringend benötigt hätte, abgebrochen und damit aber auch der Gedanke des Schnellbombers aufgegeben, dessen stärkste Abwehrwaffe seine Geschwindigkeit war. Die Engländer haben diesen Gedanken später in der Gestalt der De Havilland DH 98 ›Mosquito‹ weitgehend mit bestem Erfolg verwirklicht. Wevers Nachfolger, Generalleutnant Jeschonnek, gab mit dem Baustop für die Großbomber und der Änderung des Schnellbombers in einen normalen mittleren Bomber den Gedanken einer Strategischen Luftwaffe auf. Die Luftwaffe sollte nur noch zur Unterstützung des Heeres eingesetzt werden.

Während bei Focke-Wulf die Fw 57, bei Henschel die Hs 124 und bei Messerschmitt die Bf 162 entstanden, ging man bei Junkers vollkommen neue Wege. Bei Ju 60/160, 86 und EF 61 war man ja schon von der berühmten Wellblechbauart abgegangen. Jetzt wollte man etwas in der Art der amerikanischen Boeing B–9 herausbringen. So setzte man zwei junge aus Amerika gekommene Ingenieure, W. H. Evers und Alfred Gassner, auf das Projekt EF 59, wie die Ju 88 ursprünglich hieß, an. Gassner war übrigens amerikanischer Staatsbürger. Die ersten Besprechungen über das neue Projekt fanden unter der Leitung des Chefkonstrukteurs Ernst Zindel, des Vaters der Ju 52, statt. Man kam zu dem Schluß, gleich zwei Versionen zu entwickeln, wobei der Aufwand pro Flugzeug im Serienbau nicht mehr als 30 000 Mannstunden betragen sollte. Der erste Prototyp sollte innerhalb einer Frist von neun Monaten fertiggestellt werden.

Am 15. Januar 1936 begannen Evers und Gassner ihre Arbeit. Rein äußerlich unterschieden sich die beiden Entwürfe nur durch die Tatsache, daß der eine ein einfaches, der andere ein doppeltes Seitenleitwerk hatte. Bei beiden gab es eine Version mit aerodynamisch günstiger Blechkanzel und eine zweite mit einer runden Vollsichtkanzel. Die beiden Entwürfe liefen unter der Typenbezeichnung Ju 85 bzw. Ju 88, wobei die Ju 85 A eine gewisse Ähnlichkeit mit der Dornier Do 17 hatte. Von der Ju 85 wurden nur ein Windkanalmodell Ju 85 A und eine Attrappe Ju 85 B erstellt.

Oben: Modell der Ju 85 A im Windkanal in Dessau. Die vorgesehenen Sturzflugbremsen sind gut erkennbar.
Unten links: Die Kabinenattrappe der Ju 85 A ähnelt stark Dornier Do 17 V8 (MV 1). – Rechts: Gen.-Dir. Koppenberg, der Manager des Ju 88-Programms. ▶

Ju.85

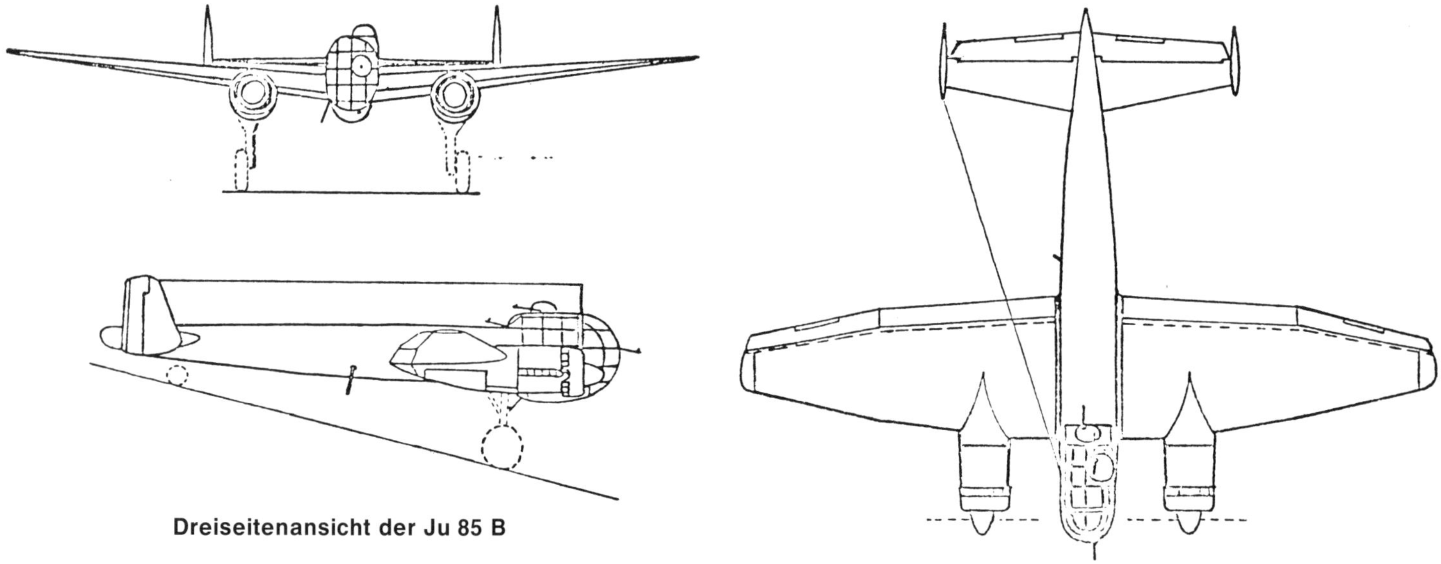

Dreiseitenansicht der Ju 85 B

Attrappe der Kabine der Ju 85 B. Die Ähnlichkeit mit der späteren Ju 88 B und Ju 188 ist unverkennbar.

Im Mai 1936 begann der Bau der Ju 88 V1 D-AQEN. Am 21. Dezember bereits startete Chefpilot Flugkapitän Kindermann zum ersten Mal mit der Ju 88 V1. Die Maschine hatte noch zwei Daimler-Benz DB 600 Aa Motoren von je 1050 PS mit Ringkühlern, wie sie bei der Junkers EF 61 zum ersten Mal verwendet worden waren. Das Fahrwerk wurde elektrisch betätigt und entsprach etwa dem der Heinkel He 111. Die Maschine stürzte bereits bei einem der ersten Probeflüge ab und wurde total zerstört. Damit schien Junkers aus der Konkurrenz ausgeschieden. Jetzt wurde die Ju 88 V2 beschleunigt fertiggestellt, die ihrer Vorgängerin weitgehend ähnelte. Die Maschine wurde am 10. 4. 1937 zum ersten Mal zum Start gebracht. Sie hatte einen vergrößerten Ringkühler, in den der Oelkühler einbezogen werden konnte. Die Konstrukteure hatten aus aerodynamischen Gründen das Cockpit so flach gestaltet, daß ein Waffeneinbau unmöglich war. Die Maschine erwies sich beim Vergleichsfliegen allen Konkurrenten gegenüber überlegen. Während der Erprobung wurden laufend kleinere Änderungen durchgeführt.

Im Januar 1937 begann die Konstruktion eines dritten Versuchsmusters, der Ju 88 V3. Sie war aufgrund der mit V1 und V2 gemachten Erfahrungen in einigen Punkten geändert worden. Insbesondere erhielt sie als erste Maschine den neuen Jumo 211 A von 950 PS und ein MG 15 als Abwehrbewaffnung. Bereits beim ersten Versuchsflug wurden hervorragende Ergebnisse erzielt. Kurzfristig wurde eine Höchstgeschwindigkeit von 520 km/h und während einer Dauer von 30 Minuten eine Durchschnittsgeschwindigkeit von 504 km/h erreicht. Damit erfüllte sie nicht nur die Bedingungen des RLM sondern war allen ausländischen Jagdeinsitzern an Geschwindigkeit überlegen.

Inzwischen war aber im RLM einiges passiert. Ernst Udet war als neuer Chef ins Technische Amt (GL/C) als Nachfolger des Oberstleutnants Dr. Ing. Freiherr von Richthofen eingezogen, der nach Spanien ging. Es darf als bekannt vorausgesetzt werden, in welchem Maße Udet von der Sturzbomberidee besessen war und wie er es verstand, auch den Generalstab der Luftwaffe dafür zu begeistern. Udet und der junge Generalstabschef der Luftwaffe, Jeschonnek, warfen den Gedanken einer strategischen Luftwaffe, wie er vom ersten Generalstabschef Wever vertreten worden war, über Bord. Man entschied sich für den Sturzbomber. Und auch der Schnellbomber wurde zum mittleren Bomber mit Sturzflugeigenschaften umfunktioniert. Die neuen Forderungen des Generalstabs fanden ihren ersten Niederschlag in der JU 88 V4. Bei dieser Gelegenheit ließ man auch das Projekt Ju 85 fallen.

Die Ju 88 V4 hatte bereits den später für die Ju 88 typischen Gefechtskopf anstatt der bisher vorhandenen aerodynamisch günstigen Rumpfbuggestaltung. Dies führte dazu, daß die Ju 88 in der Flugzeugerkennung als Kaulquappen-Ju bezeichnet wurde. Die Leistungen, die die Ju 88 V4 nach ihrem Erstflug aufwies, lagen erheblich unter denen der V3. Die Maschine wurde dann zur weiteren Erprobung zur Erprobungsstelle der Luftwaffe überführt. Diese führte dann zu weiteren neuen Forderungen des RLM, deren Resultat die Ju 88 V6 wurde.

Im Ausland wurde man bereits hellhörig, als die ersten Nachrichten über den deutschen Schnellbomber durchsickerten. Man wußte dort nicht, daß diese Entwicklung inzwischen in eine andere Richtung gelenkt worden war. Aber in Berlin reifte der Plan, durch einen gezielten Propagandatrick den Eindruck hervorzurufen, daß die Luftwaffe über absolut überlegene

Ju 88 V1, D-AQEN, während des ersten Probeflugs.

Die Ju 88 V2, D-AREN, wies gegenüber der V1 nur geringfügige Änderungen auf.

Die Linienführung der Ju 88 V3 verriet bereits die überragende Leistungsfähigkeit des Flugzeugs.

Bodenwanne und kantige Bugverglasung setzten die Leistung der Ju 88 V4 gegenüber ihrer Vorgängerin erheblich herab.

Flugzeuge verfügt. Dies war zum ersten Mal 1937 beim Flugmeeting in Dübendorf bei Zürich gelungen, als die Dornier Do 17 M V1 (Do 17 V8) als Serienbomber der Luftwaffe vorgestellt worden war und sich als absolut überlegen erwiesen hatte.

So wurde jetzt die Ju 88 V5 als Rekordflugzeug gebaut. Sie war eine weiter verfeinerte V3 mit nur zwei Mann Besatzung. Rumpfnase und Kabinenabdeckung waren besonders aerodynamisch verfeinert. Dazu kamen als Triebwerk die neuen Jumo 211 B-1, die bereits über 1000 PS leisteten. Der Erstflug der Maschine fand am 13. 4. 1938 statt. Im Frühjahr 1939 war die Maschine soweit erprobt, daß man auf Rekordjagd gehen konnte. Die beiden Werkpiloten Seibert und Heintz erflogen am 19. 3. 1939 und 30. 6. 1939 Geschwindigkeitsweltrekorde mit Nutzlast. Am 19. 3. wurden 517,004 km/h mit 2000 kg Nutzlast auf der 1000 km Meßstrecke erreicht, am 30. 6. 500,786 km/h mit derselben Nutzlast auf der 2000 km Strecke Dessau – Zugspitze und zurück. Von der deutschen Propaganda wurden diese Flüge als Leistungen eines Kampfflugzeuges der deutschen Luftwaffe angepriesen. Dabei war zu diesem Zeitpunkt bereits klar, daß dieser »Schnellbomber« nie serienmäßig gebaut werden würde.

Daß das Konzept der Ju 88 als Schnellbomber richtig war, geht aus der Tatsache hervor, daß man vier Jahre später die Ju 88 S und T-Versionen baute, die abgesehen vom Triebwerk der Ju 88 V5 weitgehend entsprachen.

Auf Grund der neuen Forderungen des Generalstabs entstand die Ju 88 V6, die das 1. Musterflugzeug für die erste Serienausführung der Ju 88 werden sollte. Die wichtigste Änderung gegenüber der V4 und auch den anderen V-Maschinen war das Fahrwerk. Das elektrische betätigte, das dem der He 111 ähnelte, wurde gegen ein hydraulisch betätigtes ausgewechselt. Es handelte sich um ein Einbeinfahrwerk, das beim Einziehen um 90 Grad gedreht wurde und dadurch vollkommen in der Motorverkleidung verschwand. Sturzflugbremsen, ähnlich denen der Ju 87 befanden sich unter den Flächen außerhalb der Motorengondeln, während zwischen Rumpf und Motorengondel unter der Fläche auf jeder Seite zwei Bombenaufhängungen ETC 250 angebracht waren. Statt der Bomben konnte auch auf jeder Seite ein Zusatztreibstoffbehälter aufgehängt werden. Als Triebwerk diente wie bei der Ju 88 V5 der Jumo 211 B-1 von 1200 PS, der in 5400 m Höhe 990 PS und als Dauerleistung 810 PS entwickelte. Die Besatzung bestand aus vier Mann.

Als Abwehrbewaffnung waren vorgesehen: ein MG 15 in der Frontscheibe für den Beobachter (A-Stand), ein zweites nach hinten oben feuernd (B-Stand) und das dritte nach hinten unten feuernd im rückwärtigen Teil der Bodenwanne. Der zusätzliche Luftwiderstand, der durch die Änderungen von der V3 zur V6 verursacht wurde, resultierte in folgenden Geschwindigkeitsverlusten:

Sturzflugbremsen	5 km/h
Außen-Bombenträger	7 km/h
Bodenwanne	7 km/h
Neue Kanzel	5 km/h
Neues Fahrwerk	5 km/h
Höhere Kabine	4 km/h
Tarnanstrich	3 km/h
Zusatzantenne	2 km/h

Dies zusammen ergab also einen Geschwindigkeitsverlust von 38 Stundenkilometern bei Höchstgeschwindigkeit. Dazu kam die Vergrößerung des Startgewichts. Während dieses bei der V3 nur 8500 kg betrug, hatte die V6 10 200 kg, das heißt 1700 kg mehr. Höheres Gewicht

Seibert und Heintz strahlend nach dem Rekordflug. Seibert, Spitzname »Strizi«, starb nach schwerer Krankheit nach dem Kriege.

Die Ju 88 V5 war eine reine Rekordmaschine und keinesfalls als Schnellbomber einsetzbar.

Die Ju 88 V6, D-ASCY, ist zwar als Musterflugzeug für die A-Serie anzusehen, hatte aber im Gegensatz zu dieser vierflügelige Luftschrauben und keine Bewaffnung.

und größerer Luftwiderstand verminderten die Geschwindigkeit erheblich. In den offiziellen Unterlagen ist nur eine Höchstgeschwindigkeit ohne Bombenträger angegeben mit 485 km/h. Auch bei der ersten Vorserie A-0 ist die Höchstgeschwindigkeit nur ohne Bombenlast angegeben: 465 km/h. Mit der vorgesehenen Bombenlast von 500 kg und vollem Tank (2900 Liter) dürfte die Höchstgeschwindigkeit um etwa 35 km/h niedriger gelegen haben. Die Marschgeschwindigkeit ohne Außen-Bombenträger betrug bei der V6 430 km/h. Man kann daraus schließen, daß die V6 mit voller militärischer Last und Ausrüstung bestenfalls eine Marschgeschwindigkeit von etwa 380 km/h hatte. Das waren nur rund 50 km/h mehr als bei der veralteten Ju 86. Die Ju 88 V6 hatte eine Gipfelhöhe von 8500 m, aber die sogenannte Arbeitshöhe betrug nur 6000 m. Die Reichweite betrug 2450 km, nicht mehr als bei der alten Ju 86. Wenn man diese Zahlen mit denen des englischen Bombers Handley-Page Hampden, der etwa zur gleichen Zeit herauskam, vergleicht, so wird man feststellen, daß bei etwa gleicher Triebwerksstärke (Zwei Bristol Pegasus je 900 PS) die Hampden eine Höchstgeschwindigkeit von 490 km/h bei 1000 kg Bombenlast und einem Startgewicht von 8496 kg hatte! Unter diesen Umständen ist es schwer zu verstehen, welche Überlegungen die deutsche Luftwaffenführung bewogen haben, den Typ Ju 88 V6 als Standardbomber Ju 88 A einzuführen – mit dem größten Serienprogramm, das bis dahin für ein Bombenflugzeug durchgeführt wurde.

Was die geforderte Sturzflugfähigkeit der Ju 88 betrifft, so wurde diese tatsächlich nicht erreicht. Die Maschine war nur in der Lage, einen sogenannten Bahnneigungsflug von 55 Grad auszuführen, eine Fähigkeit, die später nur selten in Anspruch genommen wurde. Wäre die Ju 88 in der Gestalt der V3 gebaut worden, so hätte die Luftwaffe über einen Bomber verfügt, der in der Lage gewesen wäre, aufgrund seiner überlegenen Geschwindigkeit jeder Hurricane oder Morane 406 zu entkommen. Durch die Entscheidung für einen Serienbau gemäß des Prototyps V6 erhielt die Luftwaffe einen Standardbomber, der von vornherein zweitklassig war.

Aufschluß über die Hintergründe der Entscheidung der Luftwaffenführung gibt ein Bericht Ernst Heinkels über eine Unterredung mit Udet, die etwa zu dieser Zeit stattfand. Udet erklärte im Laufe dieser Unterhaltung, daß die Idee des viermotorigen Bombers ein für alle Mal fallen gelassen worden sei. Für die von Heinkel projektierte He 177 sehe er keine Verwendungsmöglichkeit. Göring und Hitler hätten öffentlich erklärt, daß ein Krieg gegen England nicht in Frage käme. Man rechne nur mit einer Auseinandersetzung mit der Tschechoslowakei, wofür ein Bomber mittlerer Reichweite vollkommen ausreiche. Die Ju 88 sei für diesen Zweck, insbesondere wegen ihrer Sturzflugfähigkeit, bestens geeignet. Der größte mögliche Effekt sei nur mit einem Sturzbomber zu erzielen. Die Entscheidung für die Ju 88 sei unwiderruflich gefallen. Hitler habe die Ju 88 in Rechlin gesehen. Er sei von diesem einzigen zweimotorigen Sturzbomber restlos überzeugt. Außer dem Staatssekretär Milch hätte auch keiner Einwände gehabt. Aber dieser habe immer Einwände, da er sich niemals eindeutig festlegen wolle, falls etwas schief ging. Udet schloß: »Diesmal ist Koppenberg am Zuge. Die Ju 88 ist das größte Unternehmen, das uns je gelungen ist.«

Heinrich Koppenberg, der Generaldirektor des Junkers-Konzerns, kam von der Flick-Gruppe. Er war der Typ des energischen und rücksichtslosen Industrie-Managers, wie er für ein solches Riesenunternehmen gebraucht wurde. Koppenberg hatte also genau die Eigenschaften, die Udet als General-Luftzeugmeister hätte haben müssen. Es ist also verständlich, daß er dessen organisatorische Fähigkeiten klar erkannte und ihm in vielen Dingen freie Hand ließ. Auf der anderen Seite sah aber Koppenberg vieles nur als Unternehmensleiter und stellte naturgemäß das Firmeninteresse über das der Luftwaffe. Er erkannte, daß das Ju 88-Programm dem Junkers-Konzern eine beherrschende Stellung in der Luftwaffenrüstung sichern würde. So setzte er sich für dieses Programm bis zum letzten ein und setzte es auch trotz aller Schwierigkeiten und Widerstände erfolgreich durch. An der falschen Konzeption des nunmehr geänderten Bombers und Mehrzweckflugzeugs trug er keine Schuld. Koppenberg erhielt von Göring alle Vollmachten zur Durchführung des Ju 88-Programms. Görings Schreiben schloß mit den Worten: »Und nun machen Sie alles frei für den Start und schaffen sie mir eine mächtige Flotte von Ju 88.«

Die Originaltafeln der Junkers-Planung (siehe Anhang) beweisen, welche Schwierigkeiten sich einstellten und wie Koppenberg diese meisterte. Trotzdem lief das Programm nur schleppend an. Als Vorserien wurden von Junkers, Dessau, erst 10 und dann 20 Ju 88 A-0 gefordert, zehn weitere von Arado, Brandenburg. Dieses Unternehmen hat an der Serienreifmachung der Ju 88 erheblichen Anteil gehabt. Arado war schneller fertig als Junkers, aber alle zehn Maschinen erlitten Fahrwerksbrüche bei der Landung. Die Fahrwerke der bei Junkers im Bau befindlichen Vorserie wurden daraufhin verstärkt. Bei der Truppenerprobung stellte sich heraus, daß die Maschine entgegen ihrer Konzeption nicht sturzflugtauglich war. Bei ausgefahrenen Sturzflugbremsen verzogen sich die vorderen Flächenholme. Abhilfe konnte nicht geschaffen werden. So wurde der Sturzflug verboten und nur noch Bahnneigungsflug erlaubt. Damit war einer der Hauptgründe für die Entscheidung zugunsten der Ju 88 entfallen! Diese und andere Schwierigkeiten führten zu Lieferterminverzögerungen: Der ursprüngliche Lieferplan L. 8 besagte, daß 234 Flugzeuge des Baumusters Ju 88 bis Juli 1938 fertigzustellen seien. Dieser Lieferplan wurde durch den Lieferplan L. 8a ersetzt, der den Liefertermin für diese 234 Maschinen auf den 31. 12. 1938 verschob. Und was ereignete sich wirklich? Am 1. 9. 1939, also neun Monate nach dem hinausgeschobenen Termin waren erst 18 Ju 88 A-0 an die I. Gruppe des Kampfgeschwaders 30 (I./KG 30) abgeliefert. Die Lieferpläne, die man Hitler und Göring vorlegte, wurden tatsächlich niemals verwirklicht. Bis Ende 1939 waren im ganzen 59 Ju 88 A-0 und A-1 abgeliefert. Als der Verfasser im Januar 1942 zur Ju 88 kam, war bereits der Lieferplan 21ü aktuell, das heißt: die 27. Änderung des 21. Lieferplans für die Ju 88. Es gab immer wieder Verschiebungen.

Die Leistungen der Serienausführung waren noch niedriger als die des Prototyps Ju 88 V6. Mit voller Bombenladung von 1000 kg hatte die Ju 88 A-1 ein Startgewicht von 12,2 t. Mit einem Tankinhalt von 3600 Liter lag die größte Reichweite bei 2900 km. Die Gipfelhöhe von 8000 m konnte nur ohne Bomben erreicht werden. Mit Bomben kam sie mit Müh und Not auf 6000 m. Die Höchstgeschwindigkeit, aber ohne Bombenlast, betrug 465 km/h, während mit voller Last und vollen Tanks in 5500 Höhe normal 350 km/h erreicht wurde. Auf dem Rückweg, nach Bombenabwurf konnten 405 km/h erreicht werden. Die Startstrecke betrug 650 m.

Bild und Dreiseitenansicht der Ju 88 V8, WL 008, zeigen die für die erste Serie charakteristische kurze Fläche mit bis zur Flächenspitze durchgehenden Querrudern.

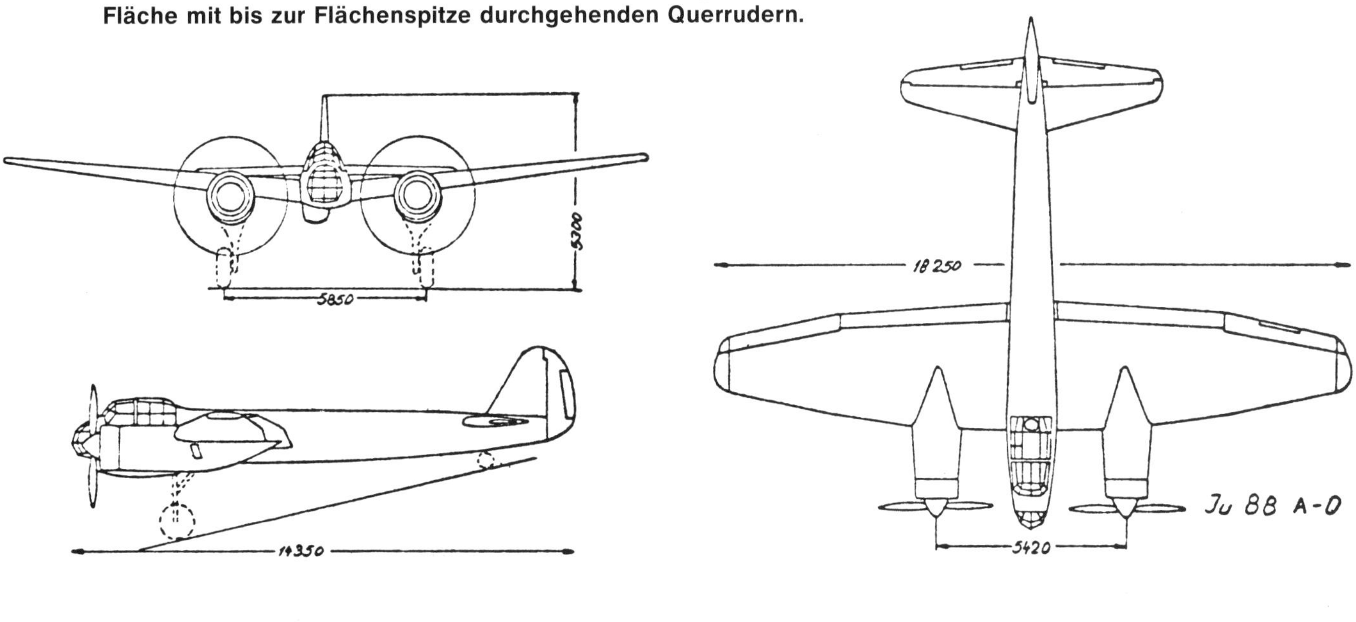

Das Einziehfahrwerk der Ju 88: Oben links im Stand; unten links während des Einfahrens, die Drehung des Federbeins um 90 Grad ist im Gange; unten ist das Fahrwerk ganz eingefahren und die Abdeckklappen geschlossen.

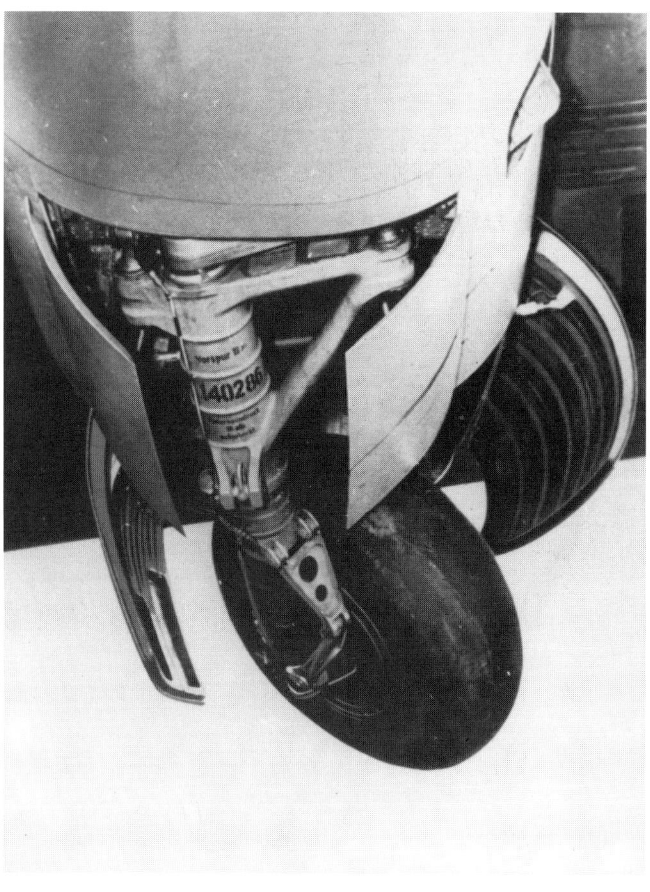

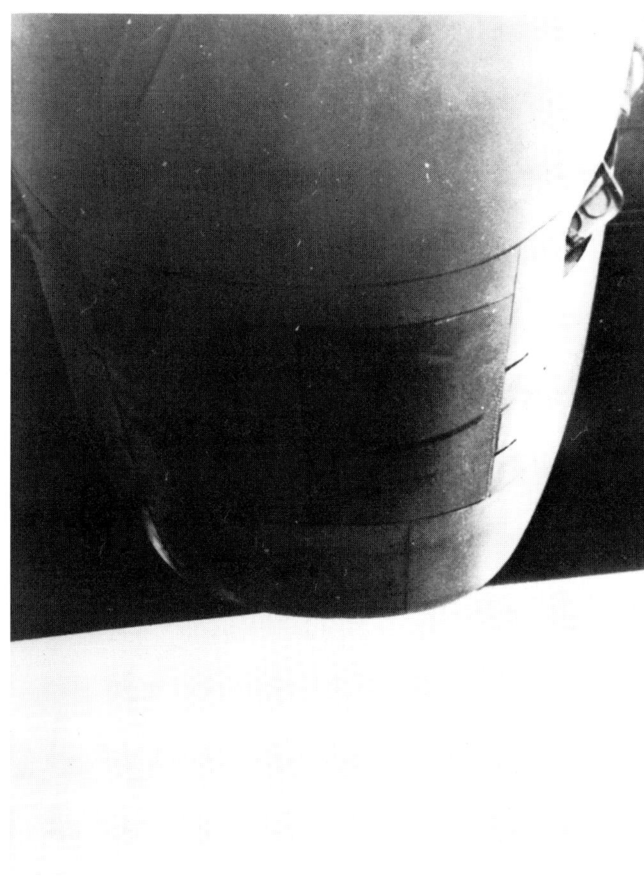

Oben links: Sturzflugbremse ausgefahren. –
Rechts: Rumpfheck mit Ausstoßdüse des Schnellablasses. Im Gefahrenfall konnte der gesamte Treibstoff binnen kürzester Zeit mit Preßluft ausgestoßen werden. –
Unten: Höhenflosse mit aufblasbaren Gummi-Enteisern.

Links: Das relativ empfindliche Fahrwerk bedurfte stets einer intensiven Wartung. Rechts oben: Wartung des Jumo 211 B. Unten: Bombenzielgerät. Das Sichtfenster ist im Bild oben rechts unter der Kanzel zu erkennen.

Trotz der schwierigen Rohstofflage begann das Ju 88-Programm, wenn auch stotternd, zu laufen. Die Fertigung war wie folgt aufgebaut:
Entwurf, Entwicklung und Gesamtleitung des Ju 88-Programms befanden sich im Stammwerk Dessau. Einzelteile und Bauvorrichtungen wurden in Schönebeck gefertigt, kleinere Bau-Einheiten in Prag und Königinhof im »Protektorat Böhmen und Mähren«, sowie in Markkleeberg bei Leipzig, Rümpfe in Aschersleben, Flächen in Halberstadt, Leitwerke in Staßfurt-Leopoldshall, Triebwerke in Köthen und Magdeburg. Die Endmontage befand sich in Bernburg, wo man einen Teil des Fliegerhorstes dafür frei gemacht hatte. Hier fand auch der Einflug statt. Die Junkers-Werften in Leipzig und Breslau waren für die Reparatur vorgesehen. Von den Lizenznehmern bauten Henschel, Arado, die Norddeutschen Dornier-Werke (NDW) in Wismar, das Volkswagenwerk in Wolfsburg und die ATG in Leipzig vollständige Flugzeuge, während Siebel und AEG, sowie Opel, Rüsselsheim, nur Teile und Großbauteile fertigten. (Unter Großbauteilen sind komplette Rümpfe, Flächen usw. zu verstehen). Später, nach Auslauf des Ju 88 A-5-Programms schieden Arado, Henschel und NDW aus dem Programm aus. Übrigens war das Volkswagenwerk auch auf dem Reparatursektor tätig. VW, Junkers-Breslau und Junkers-Leipzig waren die Heimat-Reparaturwerke, zu denen im weiteren Verlauf des Krieges, die Front-Reparatur-Betriebe in Frankreich und der Sowjet-Union hinzukamen. Die Luftwaffe führte kleinere Reparaturen und den Einbau von Rüstsätzen selbst aus. Der Nachschub an Ersatzteilen für diese erfolgte zentral vom Stamm-Luftzeugamt Finow bei Eberswalde über die Luftparks und Geräteausgabestellen. Während Henschel, Arado und NDW eigene Werkflugplätze für den Einflug hatten, wurden die Maschinen aus der Produktion von VW und ATG in Braunschweig-Waggum beziehungsweise in Leipzig-Mockau eingeflogen.
Die erste Einheit der Luftwaffe, die mit der Ju 88 A-0 ausgerüstet wurde, war das sogenannte »Erprobungskommando 88«, das aus der 1. Staffel des KG 55 bestand. Diese Staffel bildete dann den Kern für die I. Gruppe des Kampfgeschwaders 30, des »Adler-Geschwaders«.
Diese Gruppe war dann auch die erste Ju 88-Einheit, die zum Fronteinsatz kam. Zusammen mit einer größeren Anzahl Heinkel HE 111 P-2 des KG 26, des Löwengeschwaders, griffen diese Maschinen Einheiten der britischen Heimatflotte im Firth of Forth an. Mit den SC 100 und SC 250-Sprengbomben war gegen die »Dickschiffe« nicht viel auszurichten. Direkttreffer wurden nicht erzielt. Die englischen Jäger, meist Hurricanes, konnten zwar den Ju 88 A-1 nicht viel antun, die Heinkel He 111 erlitten aber Verluste. In der deutschen Presse wurde natürlich der Angriff groß herausgestellt. Die beteiligten Besatzungen meinten aber nur: »Viel Lärm um nichts!«
Erst anläßlich der »Weserübung«, der Besetzung Norwegens und Dänemarks, sollten die Ju 88 zu ersten Erfolgen kommen. Jetzt waren alle Staffeln des KG 30 mit Ju 88 A-1 ausgerüstet. Am 9. 4. 1940 starteten aufgrund einer Meldung eines Aufklärungsflugbootes Do 18 G 41 Heinkel He 111 P-2 des KG 26 und 47 Ju 88 A-1 des KG 30 zum Angriff auf einen englischen Flottenverband, zu dem unter anderem das Schlachtschiff »Rodney« und die Kreuzer »Devonshire«, »Southampton« und »Glasgow« gehörten. Die Schiffe befanden sich in der Nordsee mit Kurs auf Norwegen. Trotz intensiven Flakfeuers gelang es den deutschen

Oben: Eine SC-1000-Sprengbombe wird am Lastenträger 88.9402-Z03 eingehängt. – Rechts: Das Einhängen der Bomben und Abwurfbehälter war nur mit Hilfe der sogenannten Hißgeschirre möglich.

◀ Oben: Ju 88 A-1 in Bernburg fertig zum Einflug.
Unten: Ju 88 A-1 auf der Kompensierwaage.

Einhängen einer
SC 500-Sprengbombe.

Einstiegklappe mit Linsenlafette.

Die Besatzung geht an Bord.

Bombern, mehrere Treffer zu erzielen, wenn auch keins der Schiffe versenkt wurde.

Der Erfolg in Norwegen gab Koppenberg die Chance, die norwegische Aluminiumproduktion für Junkers zu sichern. Aus der Originaltafel der Junkersplanung ist zu ersehen, wie zielbewußt und schnell die entstandene Situation von ihm ausgenutzt wurde. Der Einsatz des KG 30 und anderer Luftwaffenverbände gegen die britischen und französischen Truppen in Norwegen führten bald zum Erfolg. Drontheim wurde am 15. April von den Alliierten geräumt, Namsos und Andalsnes vom 1. bis 3. Mai. Die britische Flotte erlitt bei dem Rückzug über die Nordsee empfindliche Verluste durch Luftwaffe und Kriegsmarine. Aber das Ju 88-Programm hinkte immer noch hinter den Planzahlen her. Nach dem letzten Lieferplan 16 sollten bis 1. 4. 1940 337 Ju 88 geliefert sein, tatsächlich waren es nicht viel mehr als fünfzig! Trotzdem begann nunmehr ein zweites Geschwader, das KG 51, schrittweise auf Ju 88 A-1 umzurüsten. Dies war dann die einzige Ju 88-Einheit, die am Feldzug im Westen teilnahm, zumindest in der ersten Phase. Später kamen noch einige Maschinen des KG 30 und des Lehrgeschwaders 1 dazu. Diese waren besonders bei der Bombardierung der britischen Evakuierungsflotte bei Dünkirchen aktiv. Bei diesen Einsätzen flog auch ein alter Bomberkommandeur des I. Weltkrieges mit einer Ju 88 über Dünkirchen. Der damalige General der Flieger Keller war an sich Kommandeur der Luftwaffe in Ostpreußen, war aber von dem Chef der Luftflotte 2 herangezogen worden, die Kampfverbände dieser Luftflotte für den Nachtstart im Verbande fit zu machen, was ihm auch gelang. Denn durch seine Arbeit war es möglich geworden, daß bei Beginn des Westfeldzuges die deutschen Bomber bereits im Morgengrauen über den belgischen und holländischen Flugplätzen erscheinen und den größten Teil der dort stehenden Verbände zerschlagen konnten. Der Flug Kellers über Dünkirchen wäre fast schief gegangen, da zwei englische Jäger die Ju 88 beinahe abgeschossen hätten. Auch ein anderer Ju- 88-Flieger hatte Glück bei Dünkirchen. Es war Leutnant von Oelhaven von der 6. Staffel des Lehrgeschwaders 1 (LG 1), der mit seiner Ju 88 abgeschossen worden war. Es gelang ihm, der Gefangenschaft zu entkommen und sich zu den deutschen Truppen durchzuschlagen.

Der Fronteinsatz der Ju 88 A-1 hatte gezeigt, daß die Ju 88 keinesfalls ein »Wundervogel« war sondern ein normaler mittlerer Bomber. Da sich die Tragfähigkeit der Ju 88 A-1 als ungenügend erwiesen hatte, entstand aus dieser als Zwischenlösung die A-2. Sie unterschied sich von der A-1 nur durch den Einbau der sogenannten R-Geräte. Es handelte sich um Starthilferaketen, die von den Firmen Schmidding und WASAG gebaut wurden. Sie wurden nach dem Start abgeworfen und glitten am Fallschirm zur Erde.

Eine weitere Abwandlung der A-1 war die A-3, ein Schulflugzeug mit eingebauter Doppelsteuerung.

Bereits 1939 arbeitete man an der Konstruktion eines Zerstörers mit der Zelle der Bomber-Version. Für diesen Zweck wurden aus der Ju 88 A-1 Bombenträger, Zielgerät und Sturzflugbremsen entfernt. An dem Platz des Bombenschützen wurde eine Lafette eingebaut, die drei starr vorwärts feuernde MG 17 (7,9 mm) und eine ebenfalls starre Kanone MG/FF (2 cm) trug. Die Waffen feuerten durch Löcher, die man in die normale A-1-Kanzel geschnitten hatte. Die Erprobung dieser Maschine führte dann zur Entwicklung der Zerstörer der C- und G-Serien.

Führerraum der Ju 88 A-1 mit MG 15.

Flugzeugführer in der Kanzel.

Flugzeugführer beim Hochziehen nach einem Bahnneigungsflug.

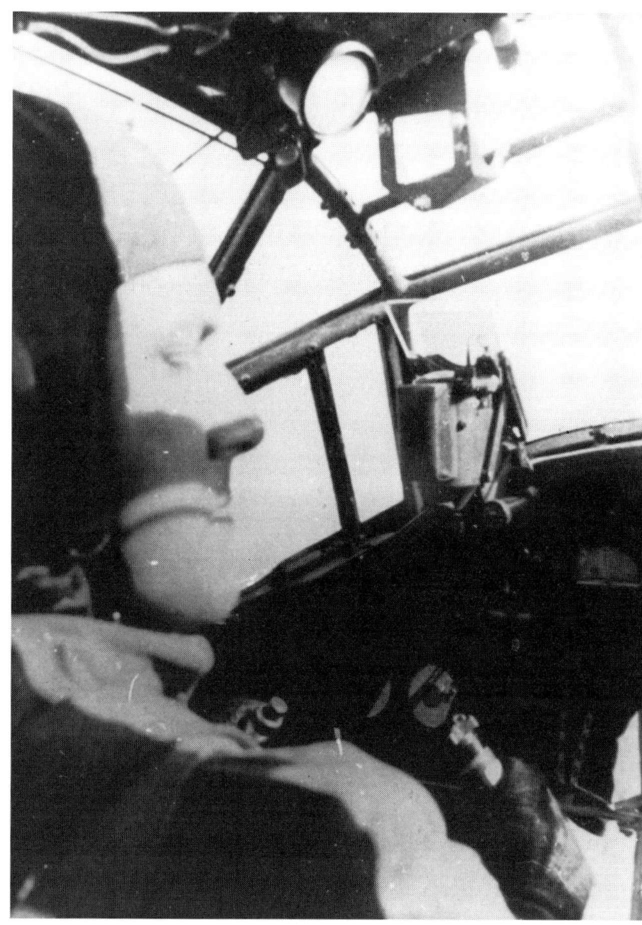

Ju 88 A-1 der III./KG 30 während des Frankreichfeldzuges.

Einsatzbesprechung beim KG 51. An dieser Ju 88 A-1 ist das bis zum Flächenende durchgehende Querruder besonders gut zu sehen.

Oben: Ju 88 A-1 werden für Nachtangriffe vorbereitet. Vorn SC 1000. – Unten: Start zum Nachtangriff. ▶

Kampfgeschwader 51 im Westen 1940, beim Bild links ist das Geschwaderabzeichen, das Edelweiß, gut zu erkennen. Die Ju 88 wurde sowohl für Hoch- wie auch für Tiefangriffe eingesetzt.

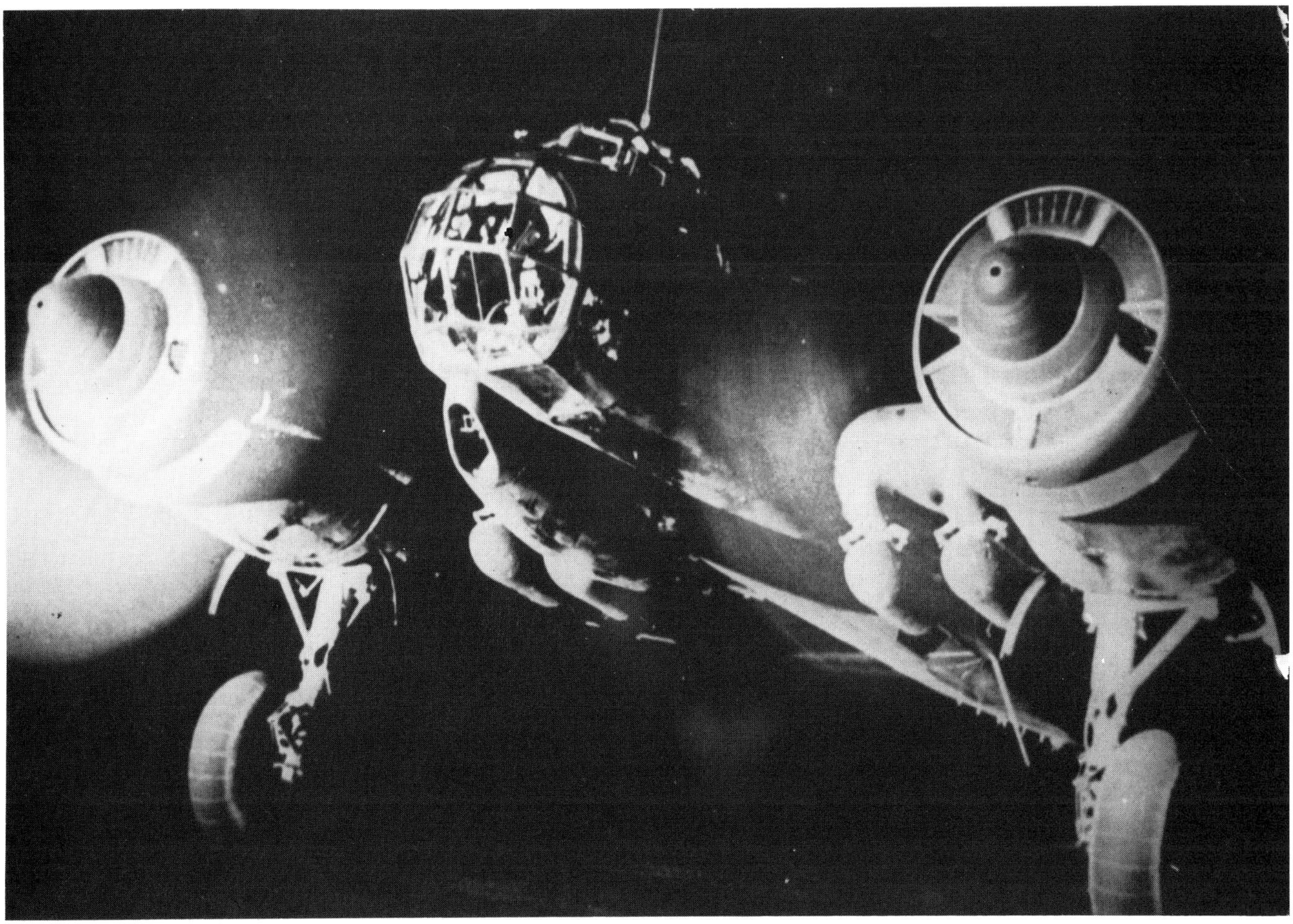

Vor dem Start werden die Motoren abgebremst. Kritisch horcht der Motorenwart auf den Klang der Triebwerke.

Dies ist wahrscheinlich die erste Ju 88, die über Frankreich abgeschossen wurde. Sie wurde von einem Jäger der Groupe de Combat 1/2 bei Aubérive heruntergeholt.

Eine andere Weiterentwicklung war die Ju 88 B, eine Parallelentwicklung zur Ju 85 B. Die Serienfertigung dieses Baumusters sollte im Sommer 1941 beginnen. Der neue Jumo 213 war zum Einbau vorgesehen, der sich zu diesem Zeitpunkt jedoch erst im Experimentalstadium befand. Die Ju 88 B unterschied sich von der A-Version hauptsächlich durch die große Vollsichtkanzel, wie sie später bei der Ju 188 verwendet wurde. Dieses Projekt hat aber nicht viel zu tun mit der kleinen Serie von 10 Ju 88 B-0, die später mit BMW 801 gebaut wurde.

Eine andere projektierte Entwicklung der A-1 ähnelte der späteren Ju 88 A-15. Sie hatte keine äußeren Bombenträger, sondern eine lange Wanne unter dem Rumpf, die von der Nase über zwei Drittel der Rumpflänge reichte. Auch sie sollte den Jumo 213 als Triebwerk erhalten, eine neue Kanzel und eine verstärkte Bewaffnung von drei MG 81 Z. Diese Ausführung sollte eine Höchstgeschwindigkeit von 530 km/h und eine Reisegeschwindigkeit von 500 km/h erreichen. Das Projekt kann als Vorläufer der bereits erwähnten Ju 88 A-15 angesehen werden, die aber die hier genannten Leistungen nie erreichte.

An sich hätte auf die Serien A-0 bis A-3 als nächstes die Ju 88 A-4 folgen müssen, aber Verzögerungen in der Entwicklung des neuen Motors Jumo 211 J führten dazu, daß zuerst die Ju 88 A-5 als nächste Version der Bomberfamilie in Serie ging. Die Ju 88 A-5 wurde entwickelt, um Steigvermögen, Wendigkeit und Bewaffnung zu verbessern. Da, wie bereits erwähnt, der Jumo 211 J (1420 PS) noch nicht serienreif war, mußte als Zwischenlösung der Jumo 211 G-1 (1200 PS) als Triebwerk verwendet werden. Der auf den ersten Blick sichtbare Unterschied zwischen A-1 und A-5 war die vergrößerte Spannweite, verursacht durch angesetzte, abgerundete Flügelendkappen, so daß die Querruder nicht mehr bis zur Endkappe durchliefen. Die Spannweite wuchs hierdurch von 18,37 auf 20,08 m. Ferner sollte ein zweites MG im B-Stand eingebaut werden, aber der größte Teil der Serie A-5 wurde mit dem einfachen MG 15 in Linsenlafette ausgeliefert. Erst nach den schweren Verlusten während der Schlacht um England wurde das zweite MG 15 eingebaut. Die Abmessungen von A-1 und A-5 waren abgesehen von den Tragflächen gleich. Der Flächeninhalt der A-5 betrug 54,7 qm. Die Gewichte waren wie folgt: Rüstgewicht 8050 kg, Tankinhalt 2855 kg, Bombenlast 1000 kg, Startgewicht 12 450 kg. Die Leistungen entsprachen fast denen der A-1: Startstrecke war 1150 m, Steiggeschwindigkeit 3,35 m/sec. Mit einem Motor betrug die Steiggeschwindigkeit 0,65 m/sec und die Gipfelhöhe ohne Bomben 2400 m. Eine Abwandlung der A-5 war die A-6, die speziell für die Einsätze gegen England entwickelt wurde. Sie hatte ein winkliges Ballon-Abschneidegerüst ähnlich der Heinkel He 111 H-8, die für den gleichen Zweck entwikkelt worden war. Die Maschine erwies sich als schwerer zu fliegen, ohne daß große Erfolge erzielt wurden. So wurden die wenigen A-6 umgebaut. Das Schneidgerüst und die Bodenwanne wurden ausgebaut. Bombenträger hatte die A-6 nicht gehabt.

Aus der neuen Ju 88 A-5 wurde dann auch der erste Fernerkunder, die Ju 88 D-2, entwickelt, die statt Bombenkammern zwei Reihenbildkameras trug. Sie hatte auch keine Sturzflugbremsen und keine äußeren Lastenträger (Bombengehänge).

Ein Kuriosum war die Tatsache, daß die ersten Bilder, die damals zur Veröffentlichung über das neue »Kampfflugzeug Ju 88« freigegeben

Die Großserie läuft an. Oben und unten links:
Flächenbau in Halberstadt.
Rechts: Rumpfbau in Aschersleben.

**Rümpfe fertig zur End-
montage in Bernburg.**

JUNKERS- JU 88

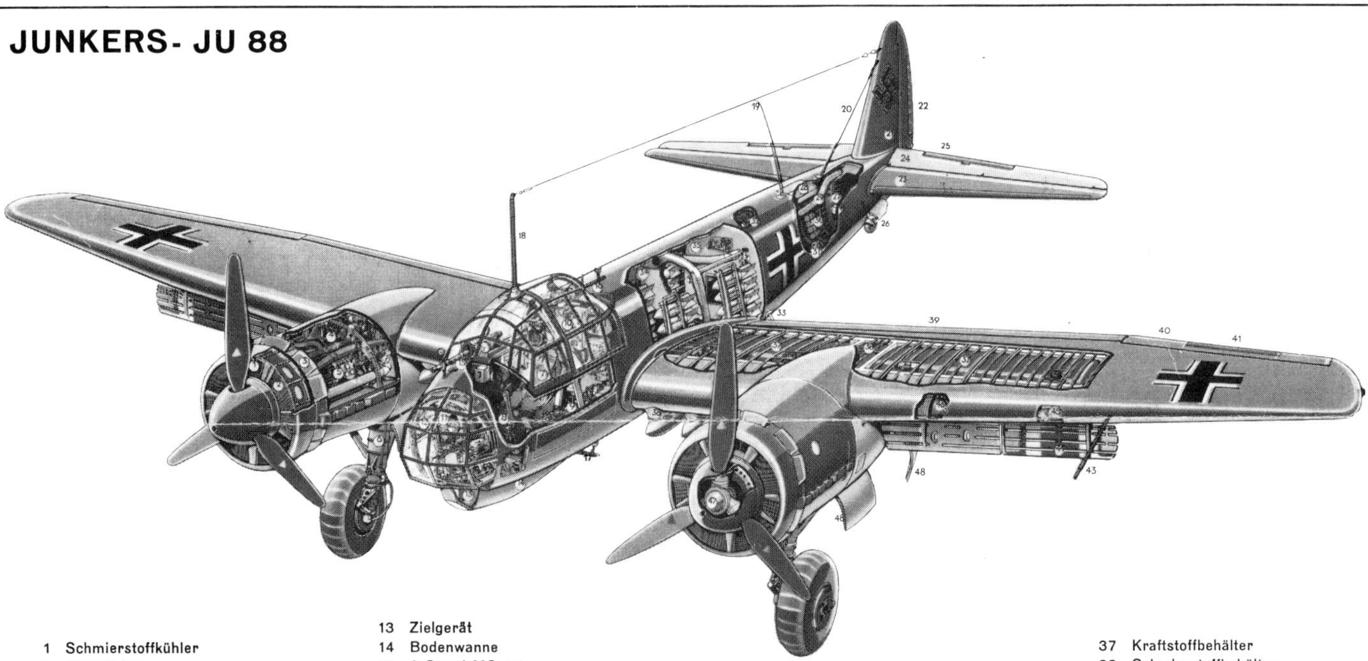

1 Schmierstoffkühler
2 Ringkühler
3 Kühlerklappen
4 Motor Jumo 211
5 Anzeigegeräte
6 Einziehbares Fahrwerk
7 Führerraum
8 Steuersäule
9 Bedienanlage
10 Abwerfbares Führerraumdach
11 Leuchtpatronenkasten
12 RAB (Reihenabwurfgerät für Bomben)
13 Zielgerät
14 Bodenwanne
15 A-Stand MG. 15
16 B-Stand MG. 15
17 C-Stand MG. 15
18 Antennenmast
19 Antenne
20 Notantenne
21 Seitenflosse
22 Seitenruder mit Trimmklappe
23 Höhenflosse
24 Höhenruder
25 Trimmklappe für Höhenruder
26 Einziehbares Spornrad
27 Sanitätspack
28 Schlauchboot
29 Kraftstoff-Schnellablaß
30 Sauerstoff-Flaschen für Höhenatmer
31 Mutterkompaß
32 Peilgerät
33 Schleppantenne
34 Vorderer Bombenraum
35 Hinterer Bombenraum
36 Lastenträger
37 Kraftstoffbehälter
38 Schmierstoffbehälter
39 Landeklappe
40 Querruder
41 Trimmklappe für Querruder
42 Positionslampe (Backbord)
43 Staurohr
44 Sturzflugbremse (2-teilig)
45 Scheinwerfer
46 Enteisungsanlage
47 Verstelluftschraube
48 Fahrwerksklappen

Zchg. Schaffer

Dies sind die ersten Bilder, die von dem »neuen Horizontal- und Sturzkampfbomber Ju 88« in der deutschen Presse veröffentlicht wurden. Es ist die fünfte Maschine der Fernerkunderserie Ju 88 D-2.

Ju 88 A-2. Das R-Gerät unter der Tragfläche ist klar zu erkennen.

R-Gerät (Startrakete) unter Ju 88. Der vorn sichtbare verpackte Fallschirm trägt das Gerät nach dem Abwurf sicher zur Erde.

Bodenpersonal macht eine Ju 88 A-5 des KG 51 fertig zum Angriff auf England. Im Vordergrund eine SC-1000-Sprengbombe.

Letzter Gruß des Flugzeugführers vor dem Start.

wurden, die 5. Maschine aus der ersten Serie Ju 88 D-2 zeigten, also kein Kampfflugzeug sondern einen Fernerkunder.
Die Einsätze im Raum Dünkirchen hatten bewiesen, daß die Luftwaffe zu schwach war, um die Evakuierung der britischen Truppen zu verhindern. Nach dem Ende der Operationen in Frankreich stellte sich heraus, daß die Luftwaffe auch nicht in der Lage war, die geplante Landung in England, das Unternehmen »Seelöwe«, vorzubereiten und abzusichern. Zu diesem Zeitpunkt rief Göring, nach dem Sieg im Westen zum Reichsmarschall befördert, alle Kommandeure der Luftflotten 2 und 3 zu einer Konferenz zusammen, auf der er vorschlug, den Angriff auf die Britische Insel durch die Luftwaffe vorzubereiten, der mit dem »Adlertag« beginnen und unter den Namen »Schlacht um England« bekannt werden sollte.
Inzwischen waren die wenigen Ju 88 A-1 durch Einbau der neuen A-5-Tragflächen und Jumo 211 G Motoren in Ju 88 A-5 umgebaut worden. Es sind also während der Schlacht um England 1940 ausschließlich Ju 88 A-5 eingesetzt gewesen. Diese verteilten sich auf folgende Einheiten:
KG 30, einige Staffeln von KG 76 und 77, KG 51 und 54, einige Staffeln von KG 4 und eine Staffel von KG 40, sowie das ganze Lehrgeschwader 1 (LG 1). Vom KG 4 Stab und III. Gruppe flogen Ju 88 A-5 von Sommer 1940 bis Juni 1941. KG 54 war komplett mit Ju 88 A-5 ausgerüstet, KG 76 wurde bis zum Herbst auf A-5 umgerüstet, KG 77 erst im November/Dezember. Die Kampfgruppen des LG 1 hatten sie schon im Sommer 1940. Die Kampfgruppe 806, die auch einige Zeit an den Operationen teilnahm, flog umgerüstete A-1.
Der Hauptangriff sollte gemäß Görings persönlichem Befehl am 13. August 1940 erfolgen, obwohl Hitlers Befehl, der vom OKW als Befehl Nr. 17 am 1. August 1940 herausgegeben wurde, nur von »einer Intensivierung des Luft- und Seekrieges gegen England ›sprach‹ mit dem Ziel, die Royal Air Force zu zerschlagen.« Von deutscher Seite standen rund 2000 Flugzeuge 1. Linie zum Einsatz bereit. Die ersten Verbände sollten über den britischen Zielen um 7,30 Uhr morgens erscheinen. Aber während der Nacht vom 12. zum 13. August begann das Wetter sich zusehends zu verschlechtern. Im Morgengrauen lag Nebel über den meisten Flugplätzen und eine dicke Schicht von niedrig hängenden Wolken über dem Kanal. Göring war gezwungen, die Angriffszeit zu verlegen. Aber bis die entsprechenden Befehle die Verbände erreichten, waren einige davon schon gestartet. Behindert durch das schlechte Wetter kam es zu keinen massierten Angriffen sondern nur zu vereinzelten Störangriffen, die keinen nennenswerten Erfolg hatten. Dagegen traten jetzt, am Vormittag bereits, ernste Verluste ein.
Als das Lehrgeschwader 1 unter Führung von Oberst Bülowius als zweite Welle mit etwa siebzig Ju 88 A-5 folgte, wurden fast alle vorgesehenen Ziele durch das widrige Wetter verfehlt. Selbstverständlich wurden Ausweichziele angegriffen, aber die zersplitterten Aktionen hatten keinen rechten Erfolg. So erreichten nur sechs Ju 88 der I./LG 1 den Jagdfliegerplatz Middle Wallop, auf dem vier Fighter Squadrons lagen. Nur einige Zelte und Abstellplätze am Rande des Flugplatzes wurden getroffen. Zwölf andere Ju 88 griffen zwar Andover mit durchschlagendem Erfolg an, aber Andover war kein Jägerplatz.
Die kommenden Tage brachten allen deutschen Angriffsverbänden, darunter auch den Ju 88, wenig Erfolg aber laufend Verluste. Am 15. August griffen 50 Ju 88 A-5 des KG 30 Drif-

field, den Heimathafen der 4. Bomber Group der Royal Air Force, mit gutem Erfolg an. Sechs der angreifenden Maschinen wurden abgeschossen. Am 18. August griffen über 700 deutsche Flugzeuge verschiedene englische Jägerplätze an. 49 deutsche Flugzeuge, darunter auch mehrere Ju 88 kehrten von diesem Einsatz nicht zurück. Und so ging es weiter. Nach den Schätzungen des deutschen Luftwaffen-Generalstabs hätten die englischen Fighter Squadrons schon längst dezimiert sein müssen, aber man hatte die Engländer weit unterschätzt. Die deutschen Bomber, natürlich auch die Ju 88, kamen meist böse von Jägern und Flak zerrupft – wenn überhaupt – zurück.

Bei dieser Gelegenheit mag etwas geschildert werden, was selbst manchem, der die Ju 88 selbst geflogen hat, nicht bekannt sein mag. Es wurde bereits berichtet, daß die Ju 88 äußere Bombengehänge, Lastenträger genannt, zwischen Rumpf und Triebwerksgondeln unter den Tragflächen hatte. Diese bestanden aus den normalen Luftwaffe-Bombenschlössern ETC 250 und den von Junkers entwickelten Trägern mit aerodynamisch günstiger Blechverkleidung. Die gesamte Konstruktionseinheit hatte die Zeichnungs-Nummer 88.9402-Z 01 bis -Z 04, da sie aus vier Trägern bestand. Die Lastenträger waren mit Hilfe von Sprengbolzen, die von der Westfälisch-Anhaltischen Sprengstoff-AG (WASAG) in Reinsdorf (nicht weit vom Junkers-Stammwerk Dessau) hergestellt wurden, am Tragflächengerüst befestigt. Wenn die Ju 88 durch Beschußschäden in der Motorenleistung beeinträchtigt war, war vorgesehen, daß alle vier Lastenträger (mit Bomben) durch elektrische Zündung absprengen sollten, was die Maschine so entlasten würde, daß sie auch im Einmotorenflug noch nach Hause kommen konnte. So gut, so schön, aber... in sehr vielen Fällen sprengten nicht alle vier Bolzen ab, so daß zwar die Bomben hinunterfielen, aber der Träger, manchmal nur an einem Bolzen hängend, dran blieb. Und die deutsche Wertarbeit war so gut, daß sogar bei Bauchlandungen zwar die Blechverkleidung des Trägers zerstört wurde, der Träger selbst aber im großen und ganzen noch zu reparieren war.

Inzwischen waren alle Schwierigkeiten beim Jumo 211 J beseitigt worden; die Probeläufe waren befriedigend verlaufen, und die Serienproduktion lief an. Die Fertigung der Ju 88 A-5 wurde Ende 1941 eingestellt und die neue Serie A-4 begann vom Band zu laufen. Durch diesen Wechsel verließen drei Lizenznehmer das Ju 88 Programm: Henschel, Norddeutsche Dornier-Werke und Arado. Von diesem Zeitpunkt ab produzierten nur der Junkers-Konzern, ATG, Siebel und das Volkswagenwerk im Ju 88-Programm. Es sei am Rande erwähnt, daß die überzähligen Einzelteile aus der Serienfertigung der Lizenznehmer von den Reparatur-Werften in Leipzig, Breslau und vom Volkswagenwerk übernommen wurden.

Die Ju 88 A-4 ist wahrscheinlich die meistgebaute Version der Ju 88 gewesen. Sie wurde das Arbeitsflugzeug der Luftwaffe.

Bevor diese Entwicklung aber genauer geschildert wird, ist es notwendig, über die Abwandlungen der Ju 88 A-5 zu berichten. Die Ju 88 A-1 mit starrer Frontbewaffnung als Vorgänger der späteren Zerstörerversionen ist bereits erwähnt worden. Die nächsten Musterflugzeuge der C-Serien waren die Ju 88 Z-15 (Werknummer 63) und Ju 88 Z-19 (Werknummer 373). Der Buchstabe Z war ursprünglich für die Zerstörerversionen vorgesehen. Beide Maschinen wurden als Versuchsträger für verschiedene Waffensätze verwendet. Während die Z-15 als Musterflugzeug für die C-2-Serie

TEXT 62

Der Bombenwart erklärt einem seiner Männer die Zündung einer SC-1000-Sprengbombe.

Beim Kampfgeschwader 1 »Hindenburg«: Bodenpersonal beim Auftanken einer Ju 88 A-5.

Führerraum der Ju 88, links Steuerknüppel, rechts oben MG 15.

Das Schlauchboot für den Seenotfall befand sich im Rumpfrücken der Ju 88. Deckel wurde im Notfall abgesprengt.

Ein Flugzeug des KG 1 im Fluge. Die Maschine hat im Bug ein zusätzliches MG/FF.

Ju 88 A-5 des Kampfgeschwaders 54, das während der Luftschlacht um England zum I. Fliegerkorps des Generals Ritter von Greim gehörte.

Kondensstreifen, die sich bei Flügen in hohen, kalten Luftschichten bilden, waren 1940 den Engländern ein gewohntes Bild.

So sah der Beobachter der etwas höher fliegenden folgenden Ju 88 die Kondensstreifen seines Vordermannes.

**Bomben-
schütze einer
Ju 88 visiert
sein Ziel an.**

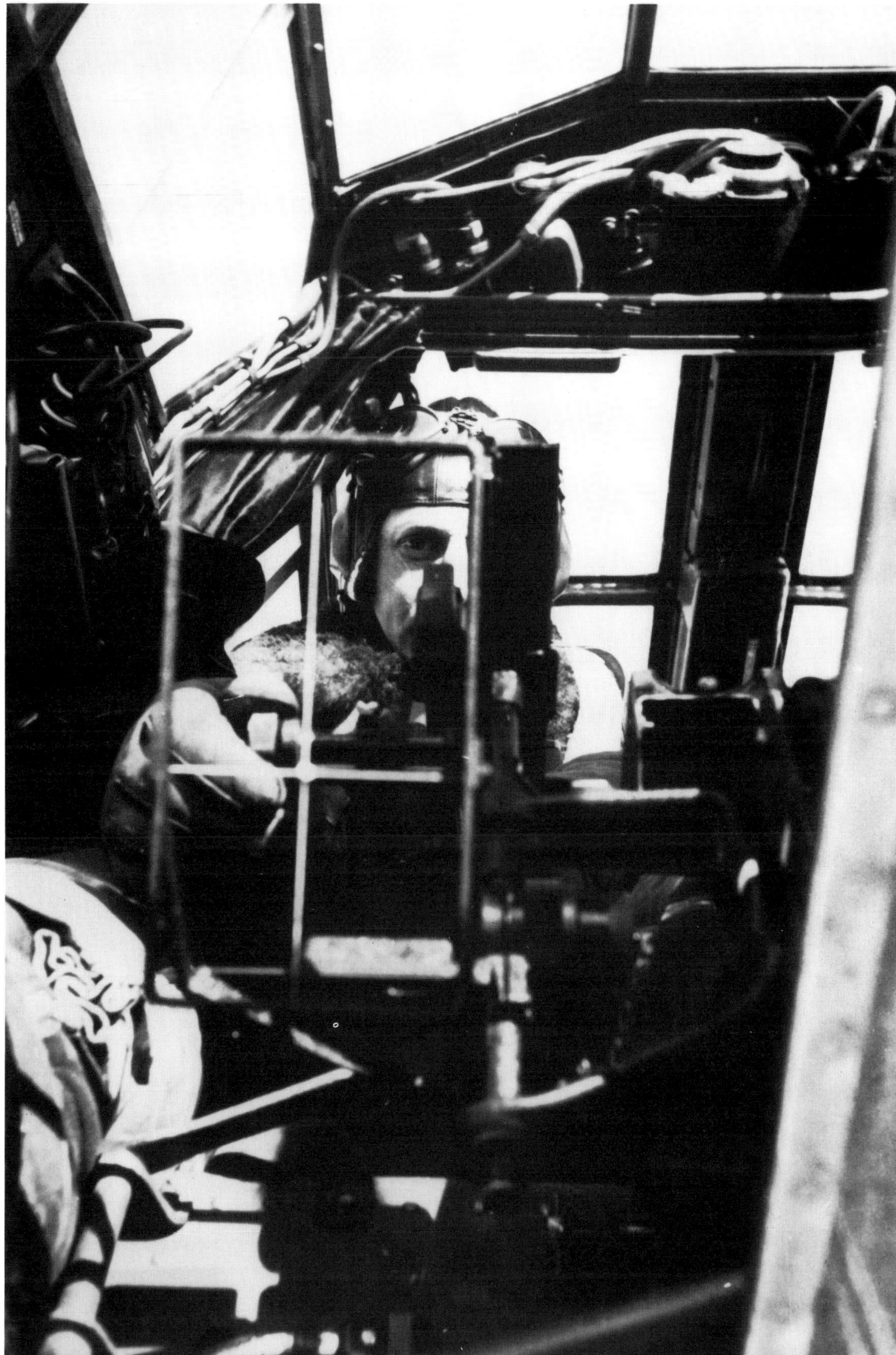

Ju 88 A-5 eines unbekannten Inhabers des Ritterkreuzes, wie aus dem Kennzeichen neben der Kabine hervorgeht.

Links dasselbe Flugzeug nach dem Abschuß über England.

Zwei Ju 88 A-5 des Kampfgeschwaders 77 während der Luftschlacht um England. Die obere Maschine gehört zur I. Gruppe, die untere zur III. Gruppe.

Die Einsätze gegen England wurden täglich schwieriger. Der oberen Ju 88 wurde das Höhenruder zerschossen. Bei der unteren reichte der Treibstoff nicht mehr zur Heimkehr. Sie erreichte gerade noch das Ufer der französischen Küste.

Bodenpersonal bei Wartungsarbeiten beim KG 30.

Triebwerkswechsel an einer Ju 88 A-5.

Nach getaner Arbeit tut ein guter Schluck recht wohl.

Ju 88 A-5 des Lehrgeschwaders 1 mit 2 Zusatztanks je 300 l.

Bei der Landung machte die Maschine einen Kopfstand.

Kampfraum Mittelmeer: Ju 88 A-5 und 2 Bf 109 F des JG 77.

Ju 88 A-5 des LG 1 über dem Ätna.

Bei Fahrwerksbrüchen wurden aufgepumpte Luftsäcke als Hebezeug verwendet. Rechts: Auswechseln eines Jumo 211 G.

◀ Flugplatz Catania auf Sizilien 1942: Kampfgeschwader 30 flog von hier aus Einsätze gegen Malta und englische Flottenverbände. Weißer Ring am Rumpf = Kampfraum Mittelmeer.

Auch im Mittelmeerraum kamen die Ju 88 oft mit Beschußschäden zum Abflugplatz zurück. Bei der oberen Maschine ist ein Motor ausgefallen. Die untere hat nach schweren Beschußschäden eine Bauchlandung durchführen müssen.

Ju 88 A-5 beim Kampfgeschwader 76 im Osten. Das obere Bild zeigt Motor und Kabine mit Abzeichen des Kommandeurs der I. Gruppe, Hauptmann Hallensleben, am 2. Juli 1941. Das untere zeigt eine andere Maschine derselben Gruppe.

Ju 88 A-5 des KG 76 Sommer 1941 in der Sowjetunion. Die Maschine hat Flammdämpfer für Nachtangriffe.

Vier Ju 88 A-5 der I./KG 76 auf einem Angriffsflug gegen Putilowa 1942.

Eine andere Ju 88 A-5 der I./KG 76 während des Fluges von der Nachbarmaschine aufgenommen.

Lehrgeschwader (LG) 1: Waffenwarte bei Überprüfung der MG 15 (7,9 mm) einer Ju 88 A-5.

Nach dem Abstellen der Flugzeuge war eine sorgfältige Tarnung gegen Sicht von oben notwendig.

Besatzung und Bodenpersonal bei der Überprüfung des Flugzeuges vor dem Start. Das Wappen des LG 1, das Wappen von Greifswald, ist gut zu erkennen.

L1 AA

Die Ju 88 A-7 war eine unbewaffnete Ausführung der A-5 für Schulungszwecke. Sie hatte Doppelsteuerung. Die untere Aufnahme zeigt, daß im B-Stand eine Plexi-Haube die Linsenlafette ersetzte.

**Lehrgeschwader 1 während des Einsatzes im Mittelmeerraum.
Oben: Das Flugzeug des Kommodore des LG 1, Oberst Bülowius.
Unten: LG 1 über Nordafrika.**

anzusehen ist, diente die Z-19 als Versuchsträger für die Entwicklung sowohl der C-2 als auch der C-4-Serie. Die projektierte C-1 sollte von der A-1 abgeleitet, aber mit BMW 801-Sternmotoren ausgerüstet werden. Als Bewaffnung waren zwei MG 17, zwei MG/FF und zwei MG 15 vorgesehen. Wegen der Schwierigkeiten der BMW 801-Entwicklung wurde dies Projekt fallengelassen. Die Z-15 war eine umgebaute A-1 mit Glattblechnase mit einer Bewaffnung von drei MG 17 und einem MG/FF starr nach vorn feuernd und je einem MG 15 im B- und C-Stand. Die Versuche mit der Z-15 verliefen zufriedenstellend, und eine kleine Serie wurde als C-2 gebaut. Die Ju 88 C-2 hatte als Triebwerk zwei Jumo 211 B-1, entsprach sonst weitgehend der Z-15, konnte aber 500 kg Bomben im Rumpf in den sogenannten Lastenräumen 1 und 2 tragen. Sie hatte keine äußeren Lastenträger. Das Startgewicht lag bei 11 000 kg. Bei einer Höchstgeschwindigkeit von 475 km/h hatte die C-2 eine Reichweite von 2500 km. Sie wurde als Zerstörer und Nachtjäger verwendet.

Eine projektierte Ju 88 C-3 wurde nur in einem Stück fertiggestellt. Tatsächlich war es eine Ju 88 C-2 mit BMW 801 MA-Motoren.

Auch eine Aufklärer-Version wurde entwickelt, aber erst nach Anlauf der Serie A-5, unter der Bezeichnung Ju 88 D-2. Die Fertigung lief parallel mit der der A-5 in der Form, daß eine kleinere Stückzahl der A-5 als D-2, das heißt ohne Sturzflugbremsen und Lastenträger, dafür mit Vorrichtung für den Kamera-Einbau geliefert wurde. Triebwerk war der Jumo 211 G-1. Die photographische Ausrüstung bestand aus einer Rb 20/30 und einer Rb 50/30 oder 75/30 Reihenbildkamera. Die Bewaffnung war auf drei MG 15 reduziert. Soweit bekannt, wurde als erster Aufklärungsverband die 2. (F) 123 mit der Ju 88 D-2 ausgerüstet.

Wie bereits erwähnt, wurde die Ju 88 Z-19, die als Musterflugzeug für die C-2-Serie gedient hatte, auch für die Entwicklung der C-4-Serie verwendet. Sie wurde mit verschiedenen Waffensätzen erprobt. Zuerst mit der Anordnung der C-2, aber zusätzlich mit einem starren MG 15 in der Frontscheibe der Führerraumabdeckung und einem MG 151 statt des älteren MG/FF. Später wurde versuchsweise ein MG 151/20 in einer Kapsel vor der Bodenwanne unter der Rumpfnase eingebaut. Auch die Ju 88 C-4 hatte weder Sturzflugbremse noch Lastenträger. Und was war aus der Ju 88 B, der Parellelentwicklung der Ju 85 B geworden? Das RLM hatte eingewilligt, eine kleine Probeserie von zehn Ju 88 B-0 zu bauen. Ein großer Teil der A-5-Teile konnte verwendet werden. Nur erhielt die Ju 88 B eine Vollsichtkanzel, ähnlich der für die Ju 85 B vorgesehenen.

Die Entwurfsarbeiten daran begannen im Juli 1939 und die Zeichnungen wurden Ende Juni 1940 fertig gestellt. Die Arbeit an einem Musterflugzeug, der Ju 88 V23 hatte bereits am 19. Juni 1940 begonnen. Ein zweiter Prototyp wurde die Ju 88 V24, deren Bau am 30. Juli begann. Ihr folgte die Ju 88 V25 mit deren Bau erst am 26. September 1940 begonnen wurde. Die drei Musterflugzeuge repräsentierten die drei geplanten Ausführungen der Ju 88 B. V23 war der Bomber, V24 der Aufklärer und V25 der Zerstörer. Tatsächlich ist nur eine Serie von zehn Aufklärern als Ju 88 B-0 gebaut worden, die weitgehend der V24 entsprachen, während die V25 der einzige Vertreter der Serie B-3 blieb. Die Ju 88 B entsprach, abgesehen vom vorderen Rumpfteil, weitgehend der A-Version. Der vordere Rumpfteil wurde von einer Vollsichtkanzel gebildet, die der Attrappe der Ju 85 B sehr ähnlich war. Aus der Ju 88 B sollte schließlich die Ju 88 E entwickelt werden, die dann

TEXT 77

Auffallendstes Merkmal der Fernerkunder-Version D-2, die aus der A-5 abgeleitet wurde, waren fehlende Lastenträger und Sturzflugbremsen unter den Tragflächen.
Rechts: Blick in die Kanzel der D-2. Vor dem Beobachter ist der Griff des vorderen MG 15 zu erkennen.

Musterflugzeug für die Zerstörerversionen der Ju 88 war die V7, sie wurde später zum Stabsreiseflugzeug mit 4 Sitzen umgebaut. Darunter der erste wirkliche Ju 88-Zerstörer, eine umgebaute A-1 mit 3 MG 17 und einem MG/FF, die durch Löcher in der verglasten Kanzel feuerten. ▶

Die Aufklärungsgruppe 123 ist mit ihren Staffeln an allen Fronten im Einsatz gewesen.
Links: Der Kommandeur der 2.(F)/123, Major von Obernitz.
Unten: Eine Ju 88 D-2 der 2.(F)/123 mit Zusatzbehältern für Langstreckeneinsätze. An beiden Maschinen ist das Staffelabzeichen (Wappen rot-gelb, Adler weiß) zu erkennen.

Die 63. Maschine der A-Serie wurde zum Zerstörer Z 15 umgebaut und erhielt eine Bewaffnung von 3 MG 17 und einem MG/FF (2 cm). B-Stand und C-Stand hatten wie bei A-1 je ein MG 15 (7,9 mm).

Z 19 war eine umgebaute Ju 88 A-5, die 373. Maschine der Serie. Sie hatte neben der gleichen Bewaffnung wie Z 15 noch das Beobachter-MG 15 in der Kanzel.

Die Ju 88 Z 19 wurde besonders zur Waffenerprobung für Zerstörer verwendet. Das ursprünglich eingebaute MG/FF wurde bald durch das von Mauser entwickelte MG 151 (Kaliber 15 mm) ersetzt. Später wurde dann zusätzlich (unser Bild) noch ein MG 151/20 (20 mm) eingebaut.

Wenig bekannt ist die Tatsache, daß Nachtjagdeinheiten, die 1./NJG 3 unter Hauptmann Peters, und die I./NJG 2 unter Hauptmann Harmstorff, in Afrika eingesetzt waren. Oben eine Ju 88 C-4, unten eine C-2 der I./NJG 2 in Benghasi.

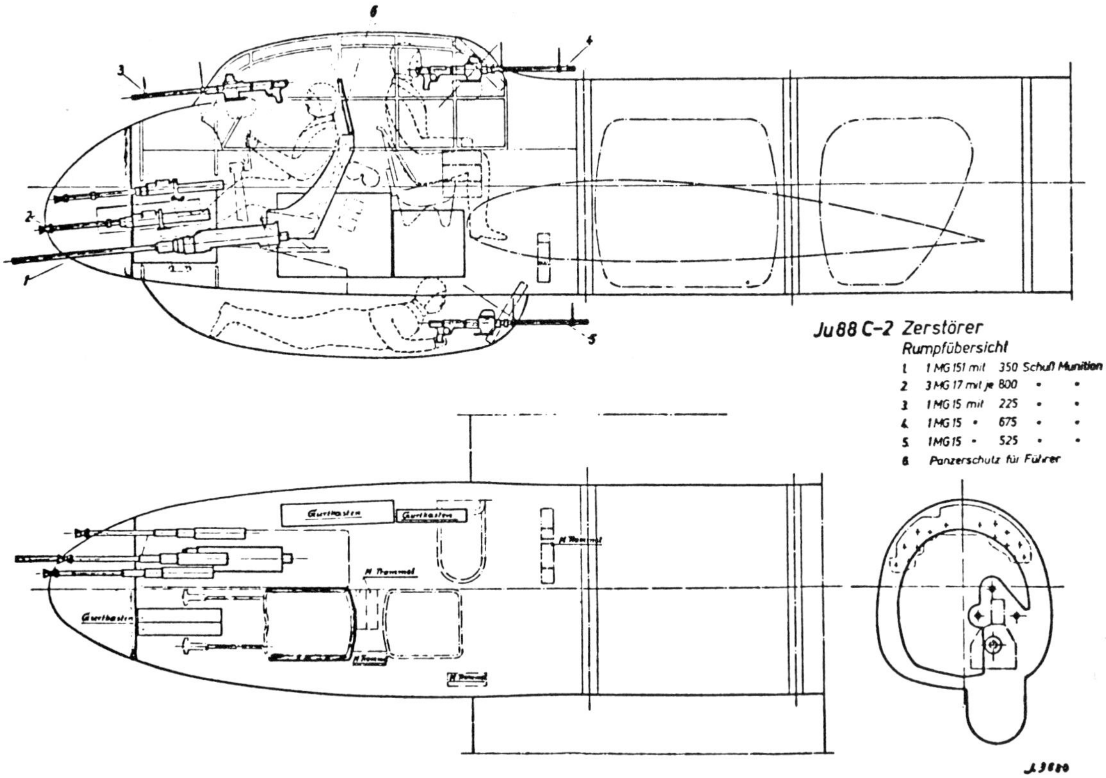

Werksschnittzeichnungen der Ju 88 C-2 und C-4.

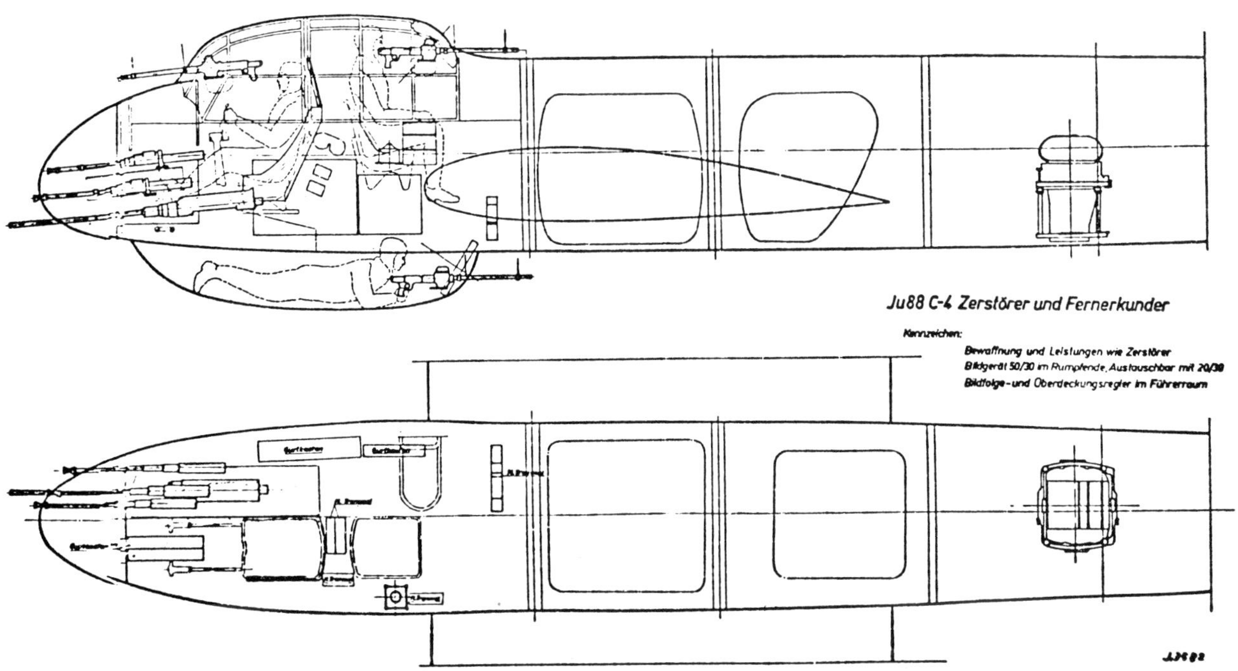

Modell der Ju 88 B. Flächen und Leitwerk entsprechen noch der Ju 88 A-5, Triebwerk und Rumpf der geplanten E-Serie, die zur Ju 188 wurde.

Eine Ju 88 B-0 des KG 40 in Bordeaux-Merignac.

Ju 88 B: Instrumentenbrett rechts.

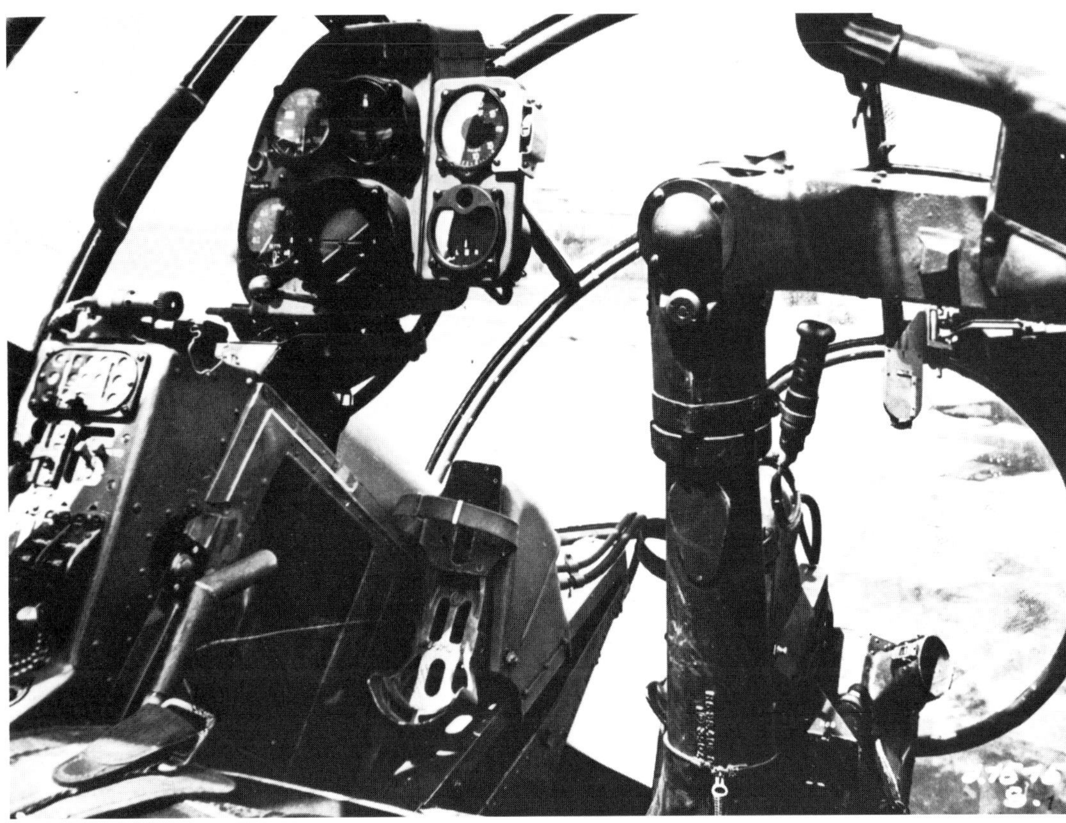

Ju 88 B: Blick vom Führersitz auf Steuerknüppel und Pedale.

Ju 88 V-25 (B-3): Bug mit
3 MG 17 und MG 151.

Ju 88 V-25 (B-3) Starrer Waffeneinbau von innen gesehen.

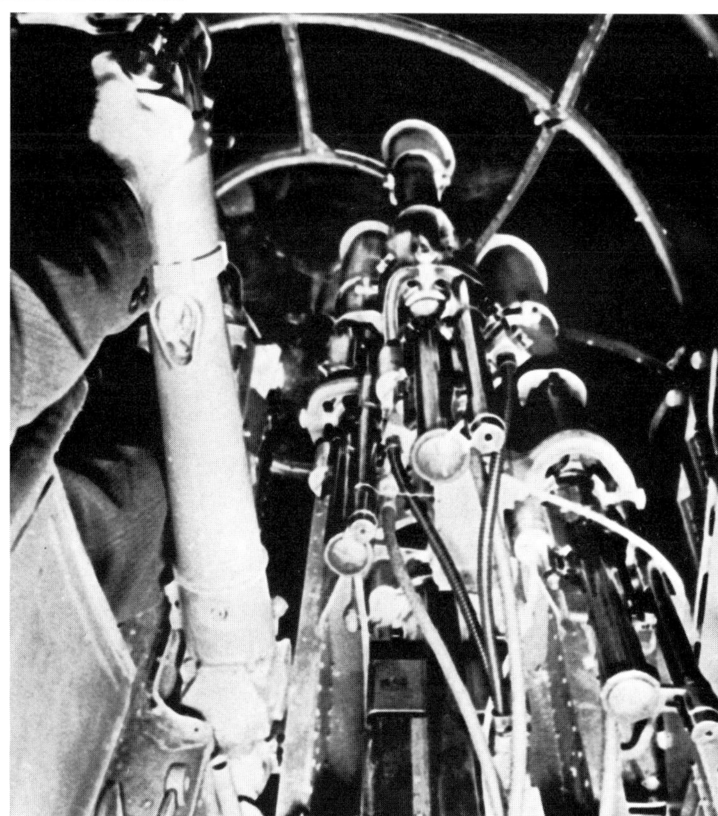

◀ oben:
Ju 88 B: Kabine mit B 1- und B 2-Stand.

unten:
Ju 88 B: Bug mit MG 81 Z.

Ju 88 V-25,
oben
B-Stand,
unten
C-Stand,
beide mit
MG 81 Z.

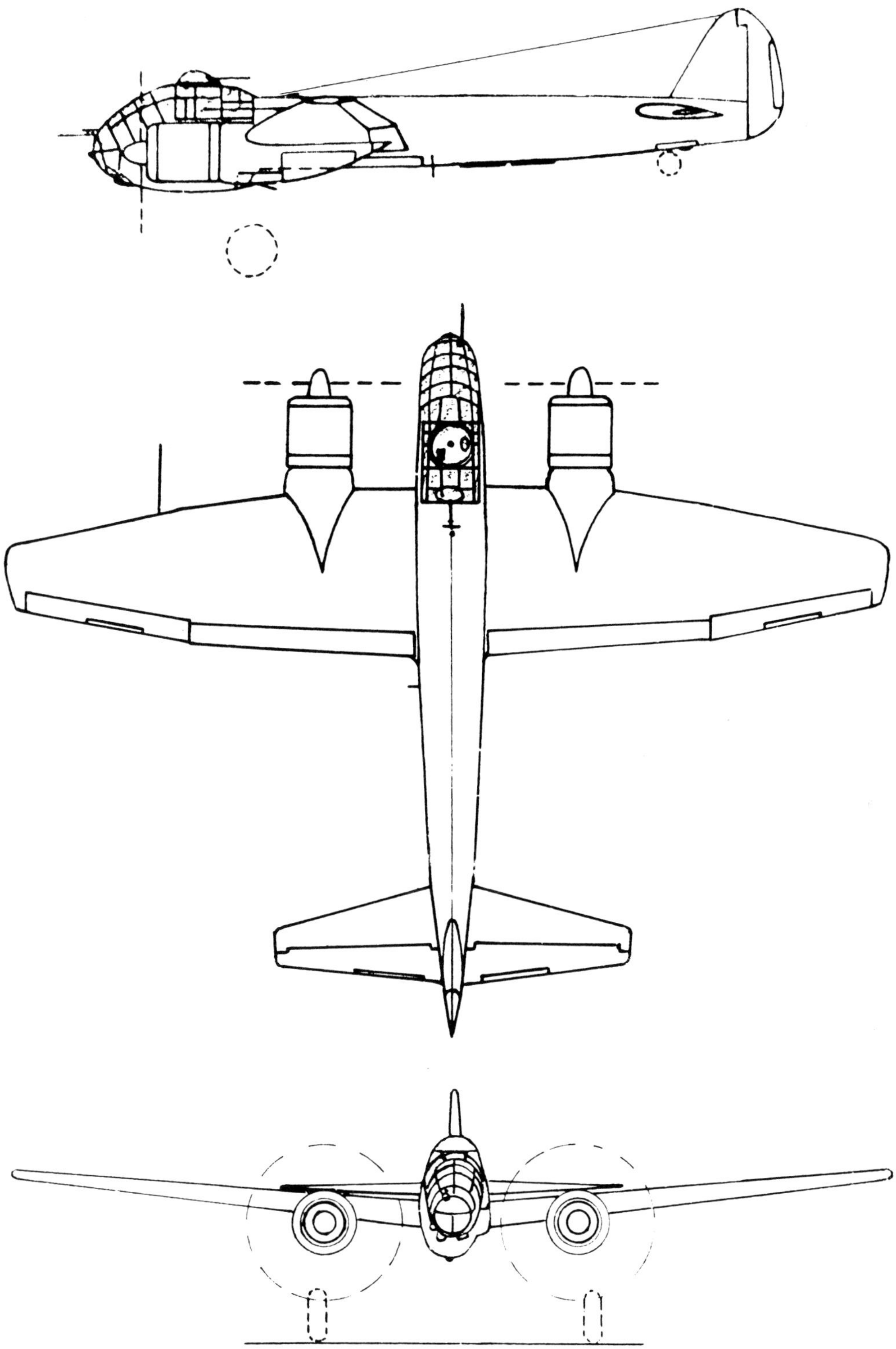

Ju 88 B-1

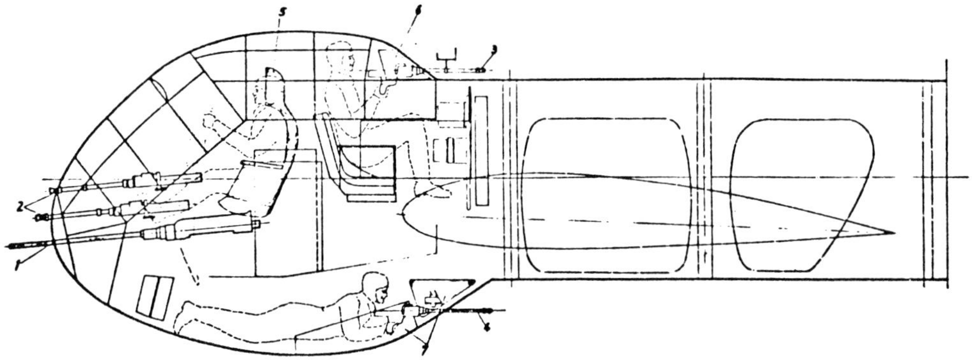

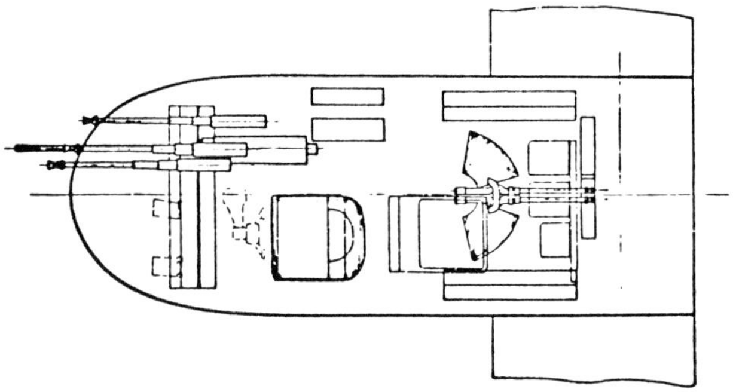

Ju 88 B-3 Zerstörer
mit BMW 801 Motoren

Rumpfübersicht.	①	1 MG 151 mit 350 Schuß Munition
	②	3 MG 17 mit je 800 " "
	③	1 MG 81Z " 1000 " "
	④	1 MG 81Z " 1000 " "
	⑤	Panzerschutz für Führer
	⑥	" " Funker
	⑦	" " C-Schützen

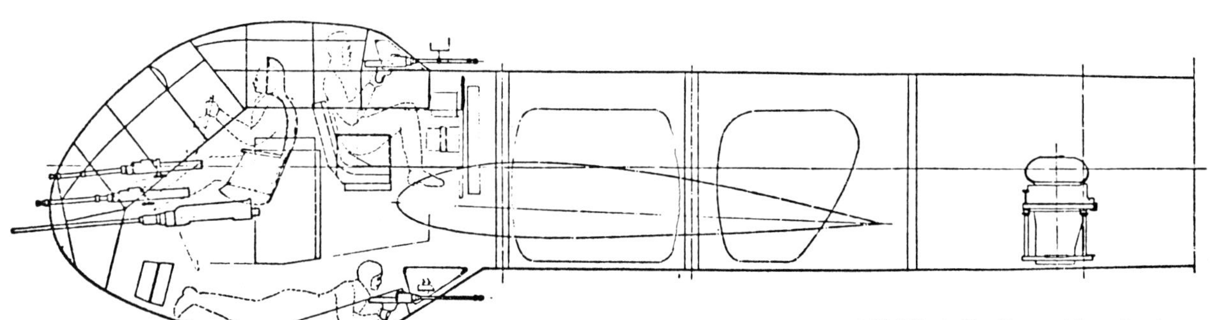

Ju 88 B-3 als Zerstörer und Fernerkunder
mit BMW 801 Motoren

Kennzeichen:

Bewaffnug und Leistungen wie Zerstörer
Bildgerät 50/30 im Rumpfende, Austauschbar mit 20/30
Bildfolge- und Überdeckungsregler im Führerraum

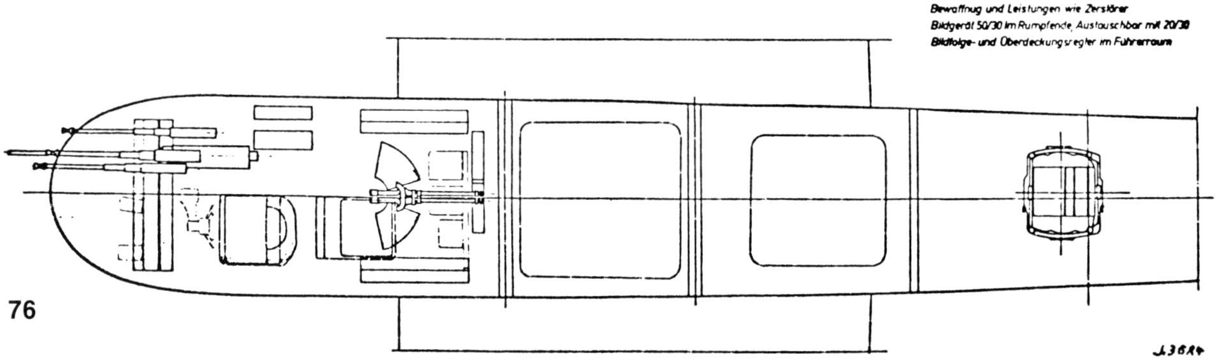

aber als Ju 188 E bezeichnet wurde. Die Ju 88 B-0 verfügte über zwei BMW 801-Triebwerke von je 1600 PS. Sie hatte die folgenden Abmessungen: Spannweite 20,08 m, Länge 14,96 m, Höhe 4,90 m, Flächeinhalt 54,5 qm. Sie erreichte eine Höchstgeschwindigkeit von 530 km/h und eine Gipfelhöhe von 9500 m. Die Besatzung bestand aus vier Mann. Nur die V23 hatte Sturzflugbremsen und Lastenträger. Die Bewaffnung der B-0 bestand aus drei MG 81 Z. Das Startgewicht betrug 12 470 kg. Die wenigen Ju 88 B-0 waren hauptsächlich von der französischen Küste aus für die Aufklärung über dem Atlantik in Zusammenarbeit mit den Unterseebooten eingesetzt. Die Ju 88 V-25, Musterflugzeug für die Zerstörerausführung, war tatsächlich eine zusammengebastelte B-0, in die man, ähnlich wie bei dem A-1 Zerstörer drei MG 17 und ein MG/FF eingebaut hatte, die starr durch Löcher in der Frontverglasung feuerten. Die andere Bewaffnung entsprach der der B-0. Es konnte nicht festgestellt werden, ob diese Maschine jemals zum probeweisen Fronteinsatz gekommen ist.

Das Ende des Jahres 1940 und die ersten Wochen des Jahres 1941 sahen die Ju 88 nur als Aufklärer über der Nordsee und über dem Atlantik, und last not least über England. Aber inzwischen hatten sich an anderen Plätzen der Erde Dinge zugetragen, die schicksalhaften Einfluß auf die weitere Entwicklung des Krieges haben sollten. In Nordafrika hatte Marschall Graziani eine italienische Offensive gegen die englischen Stellungen in der Cyrenaika begonnen. Dies geschah am 13. 9. 1940. Die Engländer schlugen schnell zurück. Die Italiener wurden nicht nur dahin zurückgejagt, wo sie hergekommen waren, sondern verloren einen Stützpunkt nach dem anderen. Auf Mussolinis Bitte verlegte Hitler einige Luftwaffenverbände nach Süditalien und Sizilien. Die deutschen Einheiten flogen ihre ersten Einsätze bereits am 10. 1. 1941, aber Anfang Februar befand sich die gesamte Cyrenaika dann doch in englischen Händen. Die ersten Einsätze waren von Stuka-Einheiten und einigen Bf 110 der III./ZG 26 unter Hauptmann Kaschka geflogen worden. Es gelang den Stukas, den britischen Flugzeugträger »Illustrious« so schwer zu beschädigen, daß er für einige Monate ausfiel. Alle Operationen im Mittelmeer wurden vom X. Flieger-Korps unter dem Kommando von General der Flieger Geisler durchgeführt, der seine Fähigkeiten schon bei dem Unternehmen gegen Norwegen und Dänemark unter Beweis gestellt hatte. Von den im Mittelmeer eingesetzten Einheiten waren die KG 54 und 77, sowie die 2. Staffel der Aufklärungsgruppe 123 mit Ju 88 A-5, beziehungsweise D-2 ausgerüstet. Der Zusammenbruch der Italienischen Kräfte in Nordafrika hatte solche Formen angenommen, daß Hitler sich entschloß, einen Heeresverband nach Nordafrika zu senden, das »Afrika-Korps«.

Inzwischen hatte Mussolini, ohne Hitlers Stellungnahme abzuwarten, ein Unternehmen begonnen, das sich zu einem Debakel für die italienische Armee auswirken sollte: den Angriff gegen Griechenland. Mussolini traf Hitler in Florenz am 28. 10. 1940 und überraschte ihn mit der Mitteilung vom Beginn der Operationen gegen Griechenland am selben Tage. Aber die Italiener wurden von den griechischen Truppen überall geschlagen.

Da die griechische Regierung Großbritannien um Hilfe ersucht hatte, bedeutete das Auftauchen englischer Truppen an der deutschen Südostflanke eine gefährliche Bedrohung. Dazu kam, daß die jugoslawische Regierung die sehr deutschfreundlich gewesen war, durch einen Militärputsch des Generals Simovitsch beseitigt worden war, der sofort die Mobilmachung befohlen hatte, und einen Vertrag mit der Sowjet-Union schloß. Um diese doppelte Bedrohung zu beseitigen, befahl Hitler den Angriff gegen Jugoslawien und Griechenland. Er begann am 6. April 1941.

Die jugoslawischen Streitkräfte kapitulierten am 17. April. Bereits am 8. April waren die jugoslawischen und die griechischen Kräfte getrennt worden. Einen Tag später erreichten deutsche Verbände Saloniki und Xanthi am Schwarzen Meer. Die griechische Armee östlich des Wardar ergab sich. Am 23. April kapitulierte die griechische Mazedonien- und Epirus-Armee, da sie keine Rückzugsmöglichkeiten mehr besaß. Der Isthmus von Korinth wurde durch Fallschirmjäger genommen. Nach dem Einmarsch in Athen wurde der ganze Peloponnes bis zum 1. Mai 1941 besetzt. Bis zum 11. Mai war die Besetzung der griechischen Inseln abgeschlossen.

Für die Engländer war Griechenland ein zweites »Norwegen« geworden. Die 60 000 Soldaten des Englischen Expeditionskorps in Griechenland konnten nur unter schweren Verlusten an Menschen und Material evakuiert werden. Die acht Squadrons der Royal Air Force mit ihren Blenheims, Hurricanes und Gladiators hatten gegen die Übermacht der Luftflotte 4 keine Chance. Nur ein paar Flugzeugen gelang es, nach Kreta zu entkommen. Bei diesen Operationen hatte besonders das mit Ju 88 A-5 ausgerüstete Lehrgeschwader 1 gute Erfolge. Zusammen mit den Verbänden des KG 54 und 77 sollte das LG 1 noch eine große Rolle im Kampfraum Mittelmeer spielen.

Während dieser Zeit hatte in der Entwicklung der Nachtjagd eine wichtige Entwicklungsstufe stattgefunden. Die Firma Telefunken hatte schon 1939 ein Gerät geschaffen, das auf der 60 cm Wellen-Basis arbeitend, Flugzeuge anmessen konnte. Die Luftwaffe hatte einen Sonderauftrag erteilt, dieses Gerät zu einem Höhenmesser zu entwickeln. Als man im Sommer 1939 den verantwortlichen Ingenieuren der Luftwaffe dieses Gerät vorführte, zeigten sie nur wenig Interesse. Damals brauchte niemand ein solches Gerät. Erst im Februar 1940 kam ein dringender Ruf nach einem Bord-Flugzeug-Ortungsgerät zu Telefunken. Wahrscheinlich hatte im RLM jemand etwas von dem englischen Air-Interception-(A.I.)-Gerät läuten hören, das von englischen Nachtjägern bereits mit einigem Erfolg verwendet worden war. Seit Sommer 1939 waren also sechs Monate ungenutzt verstrichen, in der man auf der anderen Seite intensiv an einem so wichtigen Gerät gearbeitet hatte.

Um diese Zeit wurde eine neue Zerstörer-Ausführung der Ju 88 fertig, die Ju 88 C-5. Im Gegensatz zum Vorgänger C-4 war die C-5 mit BMW 801-Motoren ausgerüstet. Aber nicht nur durch die stärkeren Triebwerke wurde die Geschwindigkeit des neuen Typs erhöht. Statt der großen Luftwiderstand verursachenden Bodenwanne hatte die Ju 88 C-5 nur einen sogenannten Waffentropfen mit zwei starr vorwärts feuernden MG 17. Zusammen mit den anderen drei MG 17 und einem MG 151/20, die ebenfalls starr nach vorn feuerten, und einem MG 15 zur Abwehr im B-Stand verfügte die C-5 über eine beachtliche Feuerkraft. Die Besatzung bestand aus drei Mann, das Startgewicht betrug 11 600 kg. Die Abmessungen entsprachen der C-4. Die Maschine erreichte die beachtliche Höchstgeschwindigkeit von 570 km/h und eine Gipfelhöhe von 9500 m. Da die BMW 801-Produktion hauptsächlich für die Fw 190 beansprucht

Bug der Ju 88 C-5

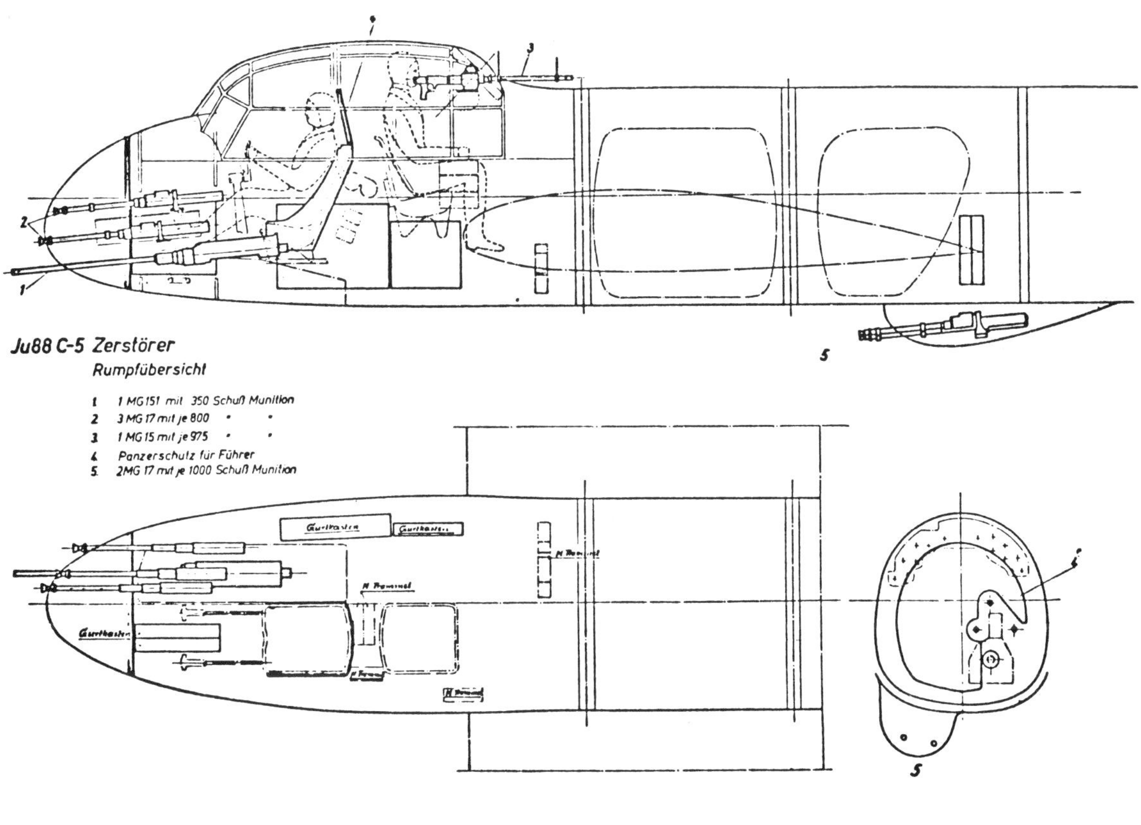

Waffentropfen WT 81 Z unter Ju 88 C-5 vorwärts feuernd.

WT 81 Z mit abgenommener Verkleidung.

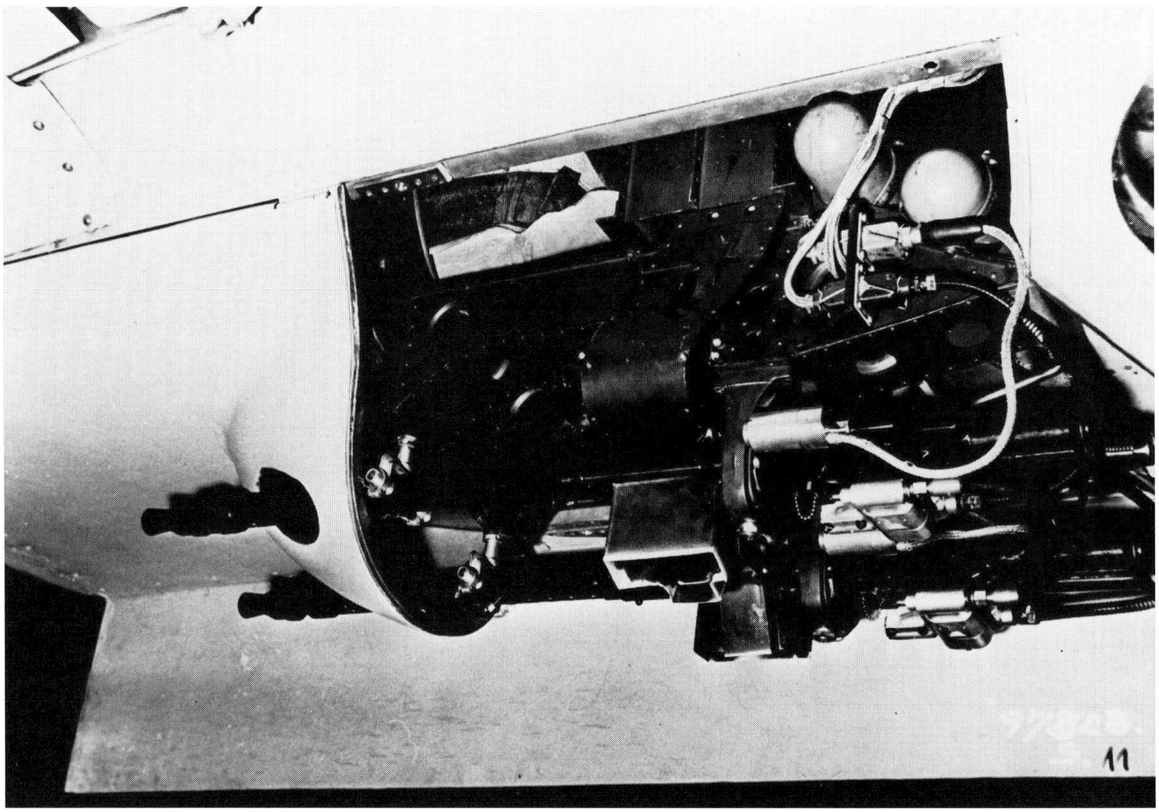

wurde, wurde nur eine Vorserie von zehn Maschinen gebaut.
Mitte Mai begann dann der Kampf um Kreta. Mit Ju 88 ausgerüstete Verbände kamen erst am 22. Mai zum Zuge. Die Engländer wußten genau, daß man Kreta mit Luftlandetruppen allein nicht nehmen konnte, und setzten zwei Flottenverbände zur Unterstützung ihrer eigenen Truppen und vor allen Dingen zur Unterbindung des Nachschubs über See in Marsch. Der Hauptverband der Engländer wurde besonders von den Stukas des Geschwaders Immelmann unter Oberstleutnant Dinort angegriffen, die kleinere englische Flottenabteilung, bestehend aus vier Kreuzern und drei Zerstörern unter Rear-Admiral King, wurde das Ziel eines Ju 88-Verbandes. Admiral King hatte bereits am frühen Morgen nördlich von Kreta in Warteposition gekreuzt, um den zweiten Leichter-Verband, der sich nur von dem italienischen Zerstörer Sagittario begleitet näherte, abzufangen. Um ein Haar wäre der deutsche Leichter-Verband geradezu aufgerieben worden. Der italienische Zerstörer tat alles, um die Engländer von dem deutschen Schiffsverband abzulenken. Er fuhr Zickzack und nebelte zwischen den englischen und den kleinen deutschen Prähmen, dabei das Feuer der englischen Kreuzer Perth und Najad auf sich ziehend. In letzter Minute erschien die von Athen-Eleusis um 8.30 Uhr gestartete I. Gruppe des Lehrgeschwaders 1 unter Führung von Hauptmann Cuno Hoffmann. Obwohl die englischen Kreuzer aus allen Rohren feuerten, stießen die Ju 88 A-5 hinunter und erzielten zwei Treffer dicht neben der Najad. Das Schiff stoppte sofort. Wenn auch der deutsche Geleitzug den Engländern dicht vor der Nase lag, wollte der englische Admiral doch kein Risiko eingehen und drehte mit seinem Verband nach Süden ab. Hoffmann und seine Männer ließen ihn nicht zur Ruhe kommen.
Verstärkt durch Do 17 Z des Kampfgeschwaders 2 hängten sie sich an den Süd-West-Kurs fahrenden Verband und griffen immer wieder an. Zwei Geschütztürme der »Najad« fielen aus. »Najad« konnte nur noch mit halber Kraft weiterfahren. Der Kommandant des Flak-Kreuzers »Carlisle« wurde auf der Brücke getötet, das Schiff entkam aber. Dagegen entgingen die Kreuzer »Kalkutta« und »Perth« allen Bomben. Der Zerstörer »Juno« wurde versenkt. Der vier Stunden dauernde Angriff hatte die Flak-Munition der Schiffe dezimiert, so daß King weitere Verluste befürchtete. Obwohl der Kommandierende Admiral Cunningham ihn aufgefordert hatte am Feind zu bleiben, um den Landtruppen auf Kreta zu helfen, flüchtete er in Richtung auf die Straße von Antikythera, wo er sich mit dem anderen Verband treffen wollte, da er mit seinen beschädigten Schiffen Hilfe brauchte.
Eine Gruppe von Ju 87 und Ju 88 griff am selben Tage den Kreuzer »Gloucester« an. Der Kreuzer wurde schwer getroffen. Feuer brach zwischen den Schornsteinen hervor und breitete sich über das ganze Deck aus. Der Kreuzer sank gegen 16 Uhr. Während die Operationen um Kreta noch im vollen Gange waren, begann am 21. Mai die Verlegung der deutschen Luftwaffenverbände nach Osten. Das »Unternehmen Barbarossa«, der Angriff auf die Sowjetunion, wurde vorbereitet. Gerade noch zur rechten Zeit für diese Operation lief bei Junkers die Serienfertigung für die schon lange fällige Ju 88 A-4 und ihre Fernerkunder- und Zerstörerversionen an. Der Jumo 211 J war endlich serienreif und lieferte eine Startleistung von 1410 PS.
Die Ju 88 A-4 wurde die meistgebaute Version der Ju 88. Aus diesem Grunde soll auf sie etwas

Links: Werner Baumbach, hier noch als Staffelkapitän im KG 30, ist wohl der erfolgreichste Ju 88-Pilot gewesen. Seine Spezialität war die Bekämpfung von Schiffszielen, die er zuerst in Norwegen 1940 unter Beweis stellte. Er wurde an allen Fronten immer wieder mit Erfolg eingesetzt. Wegen seiner überragenden Leistungen erhielt er die höchsten Auszeichnungen. Nach dem Krieg ging er nach Argentinien. Dort stürzte er am 20. 10. 1953 tödlich ab.

Rechts: Major Gerhard Kollewe, der besonders im Mittelmeer mit der Ju 88 große Erfolge erzielte. Er war Kommandeur der II./LG 1. Am 17. 10. 1942 kehrte er von einem Einsatz im Mittelmeer nicht zurück.

Fernerkunder Ju 88 D-2 während eines Probeflugs.

Der wohl bekannteste Ju 88-Pilot war Joachim Helbig, der sich bei seinen Kameraden des Spitznamens »Captain Fit« erfreute, und dessen I./LG 1 bei den Engländern unter dem Namen »Helbig-Flyers« gefürchtet war. Er war an allen Fronten eingesetzt und erfolgreich, besonders aber im Mittelmeerraum.

Zwei weitere Aufnahmen von den ersten Flugzeugen der Ju 88 D-2-Serie während der Erprobung in 6000 m Höhe.

näher eingegangen werden. Sie war wie alle Ju 88 ein freitragender Tiefdecker mit zweiholmigem Ganzmetallflügel. Die gesamte Flügelhinterkante war als Klappen ausgebildet, außen als Querruder, innen als Landehilfen. Gitterförmige Sturzflugbremsen saßen in Höhe des Vorderholms außerhalb der Motorengondeln unter den Außenflügeln. Eine Warmluft-Flügelnasenenteisungsanlage war eingebaut. Der Rumpf war als Ganzmetall-Schalenrumpf ausgebildet und hatte ovalen Querschnitt. Der Bug hatte eine planverglaste Vollsichtkanzel, die vollverglaste Führerraumabdeckung war dahinter auf den Rumpf aufgesetzt. Unter dem Rumpf befand sich die nach rechts versetzte Bodenwanne kurz hinter dem Bug. Das freitragende einfache Leitwerk war im Gegensatz zur A-5, die noch stoffbespannte Ruder gehabt hatte, in Ganzmetallbauweise hergestellt. Alle Ruder besaßen Trimmklappen. Die Höhenflosse besaß aufblasbare Gummi-Enteiser. Das Normalfahrwerk wurde durch eine Hydraulikanlage ausgefahren und eingezogen. Die hydraulisch bremsbaren Haupträder saßen an freitragenden Ölfeder-Einbeinen, die bei gleichzeitiger Drehung um 90 Grad nach hinten in die Motrengondeln eingezogen wurden. Das Spornrad wurde nach hinten in das Rumpfheck eingezogen. Das Triebwerk bestand, wie bereits erwähnt, aus zwei flüssigkeitsgekühlten Zwölfzylinder-Motoren mit hängenden Zylindern des Typs Jumo 211 J und entwickelten eine Startleistung von 1410 PS. Die Kühlung erfolgte durch einen Ringkühler, in den Elemente für Flüssigkeits- bzw. Ölkühlung eingebaut waren. Es kamen hauptsächlich VS 11 Verstell-Luftschrauben in dreiblättriger Ausführung zum Einbau. Die mächtig wirkenden Holz-Luftschraubenblätter waren geradezu ein Kennzeichen der A-4. Der Brennstoff war in fünf Behältern untergebracht: Zwei Behälter mit 415 Litern zwischen den Holmen im Außenflügel, zwei weitere mit 425 Litern zwischen den Holmen zwischen Rumpf und Motorengondeln und ein Behälter mit 1220 Litern im Rumpf. Für Langstreckeneinsätze war der Einbau eines weiteren Behälters von 680 Litern Inhalt im Bombenschacht vorgesehen. Die Besatzung bestand aus vier Mann: Flugzeugführer vorn links, daneben etwas tiefer der Beobachter und Bombenschütze. Oberer Heckschütze Rücken an Rücken mit Flugzeugführer, und der Funker, gleichzeitig unterer Heckschütze, hinter Bombenschütze, aber noch etwas tiefer. Die Bewaffnung bestand aus einem starren 7,9 mm MG 81 in der Frontscheibe, das vom Piloten bedient wurde, einem beweglichen 12,7 mm MG 131, das vom Bombenschützen bedient wurde. Hinten oben (B 1- und B 2-Stand) befanden sich zwei Linsenlafetten mit je einem MG 81, die so stark wie möglich gepanzert waren. Der Funker hatte zur Abwehr nach hinten unten ein Zwillings-MG 81 Z zur Verfügung. Dieses MG 81 Z war in der nach unten aufklappbaren Einstiegstür eingebaut. Mit dieser Einstiegsvorrichtung hatte es eine besondere Bewandtnis. Ursprünglich bestand sie hauptsächlich aus einer Linsenlafette LL 15, die das Heck-MG 15 trug. Um zu verhindern, daß die ziemlich schwere Klappe ruckartig herunterfiel, hatte man einen kleinen pneumatischen Bremszylinder (Zeichnungsnummer 88.99-200) eingebaut. Dieser kleine Zylinder sollte zu einem ernsten Nachschubproblem werden. Bereits nach den ersten Einsätzen hatte sich gezeigt, daß der Gegner schnell gemerkt hatte, wie leicht bei einem Angriff von hinten unten der hinter seiner Plexiglas-Kuppel gut sichtbare Bordfunker abgeschossen werden konnte. Es kam zu erheblichen Ausfällen unter den

Bordfunkern der Ju 88. Im Konstruktionsbüro (Kobü) in Dessau nahm man das zur Kenntnis und baute einen leichten Panzerschutz ein, vergaß aber, daß der kleine, offiziell als Abfangzylinder bezeichnete Stoßdämpfer jetzt ein höheres Gewicht abzufangen hatte. Erfolg, die Gummidichtungen hielten es nicht aus, und dauernd gingen die Abfangzylinder kaputt. Beim Luftzeugamt Finow war man auf den ständig steigenden Bedarf nicht eingerichtet, denn dieser Verschleiß war nicht geplant! Der Autor, der für den Nachschub dieses Teils verantwortlich war, sah sich einer hoffnungslosen Situation gegenüber. Aber inzwischen hatte sich die Situation schon weiter verschlechtert. Die Baureihe A-4 hatte eine neue, wieder verstärkte Lafette, die Bodenlafette (Bola) 39 bekommen. Der neu konstruierte Stoßdämpfer 88.99-200 war wieder zu schwach geworden. Aber auch die Bola 39 bot keinen genügenden Schutz für den unseligen Bordfunker der Ju 88. Es kam die Bola 81 Z, dazu ein neuer Abfangzylinder 88.99-209. Aber auch er war zu schwach. Der Erfolg: Der Abfangzylinder stand mit einigen hundert Fehlmeldungen an der Spitze der Fehlteilliste des Luftzeugamtes Finow. Die Fertigung war aufgrund der Rohstofflage im Rückstand. Der zuständige D-1-Kommissar (Beauftragter für Dringlichkeitsanforderungen der höchsten Stufe) des RLM, Flieger-Stabsingenieur Meurer, setzte sich persönlich mit dem Autor in Verbindung, um ihm wegen der fehlenden Abfangzylinder energisch aufs Leder zu knien. Aber, greifen Sie einem nackten Mann in die Hosentasche! Es muß festgestellt werden, daß der Abfangzylinder 88.99-209 bis zum Auslaufen der Ju 88 beim Luftzeugamt Finow im Engpaß blieb. Es geht die Sage, daß einzelne Besatzungen sich damit halfen, an der Einstiegklappe einen festen Strick zu befestigen um der schweren Bola 81 Z beim Herunterfallen Halt zu geben und die Klappe bequemer zuziehen zu können. Diese kleine Begebenheit ist nur erzählt worden um klar zu machen, mit wie vielen manchmal winzigen Schwierigkeiten der Nachschub zu kämpfen hatte.

Die Ju 88 A-4 konnte maximal eine Bombenlast von 3000 kg tragen. Zehn 50 kg Bomben im Rumpfbombenschacht, dazu an den Außenlastenträgern 2 mal 1000 kg, 4 mal 500 kg oder 2 mal 1000 und 2 mal 250 kg. Im letzteren Fall mußten als Starthilfe Startraketen, die sogenannten R-Geräte, verwendet werden.

Die Abmessungen und Leistungen der Ju 88 A-4 waren wie folgt:

Spannweite	20,08	m
Länge	14,36	m
Höhe	5,07	m
Flächeninhalt	54,70	qm
Rüstgewicht	8550	kg
Fluggewicht	12000–14000	kg
Höchstgeschwindigkeit	440	km/h in 5300 m Höhe
Reisegeschwindigkeit	385	km/h
Steiggeschwindigkeit	552	m/min
Steiggeschwindigkeit	5400	m in 23 Minuten
Reichweite	2500	km
Gipfelhöhe	8500	m

Durch Einbau des Änderungssatzes Ä.M. 1097 konnte die A-4 zum Torpedobomber umgerüstet werden. Die vier Außen-Lastenträger wurden dabei durch zwei Torpedo-Lastenträger ersetzt.

Führerraum Ju 88 A-4 und Leistungsdaten Ju 88 A-5 und Ju 88 A-4. ▶

TEXT 114

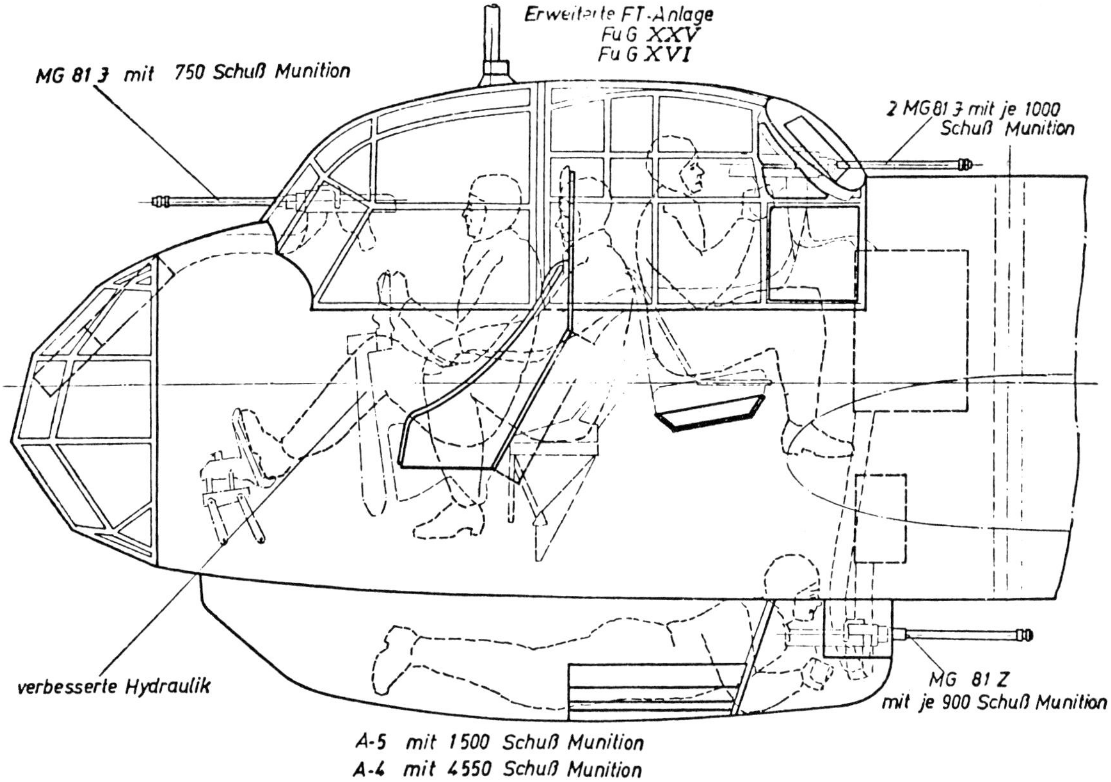

Leistungsvergleich Ju 88 A-5 und A-4

		A-5	A-4	
Motore		Jumo 211 B	Jumo 211 J mit Ladeluftkühler (87 Oktan)	
N_{Start}	PS	2 x 1200	2 x 1400	
Besatzung		4 Mann mit Liegewanne	4 Mann mit Liegewanne	
Bewaffnung		A-Stand 1 MG 15 B-Stand 2 MG 15 C-Stand 1 MG 15	A-Stand 1 MG 81 J B-Stand 2 MG 81 J C-Stand 1 MG 81 Z	
Rüstgewicht	kg	8050	8550	8550
Betriebsstoff	Kg	2855	2855	2855
Bomben	kg	2 x 500	2 x 500	2 x 1000
Abfluggewicht	kg	12450	13000	14000
Startstrecke bis H = 20 m	m	1150	1080	1400
Steigen nach Start	m/s	3,35	4,25	3,25
Dienstgipfelhöhe bei G_m ohne Bo.	m	8500	9000	9000
V_{max} ohne Bomben ohne ETC	km/h	475	510	510
V_{Reise} Hinflug	km/h	350	420	405
Rückflug	km/h	425	475	475
Technische Flugstrecke	km	2950	2480	2430
Steiggeschwindigkeit in H = 0 Km (1 mot. bei G_m)	m/s	0,65	0,88	0,88
Dienstgipfelhöhe (1 mot. bei G_m)	m	2400	2600	2600

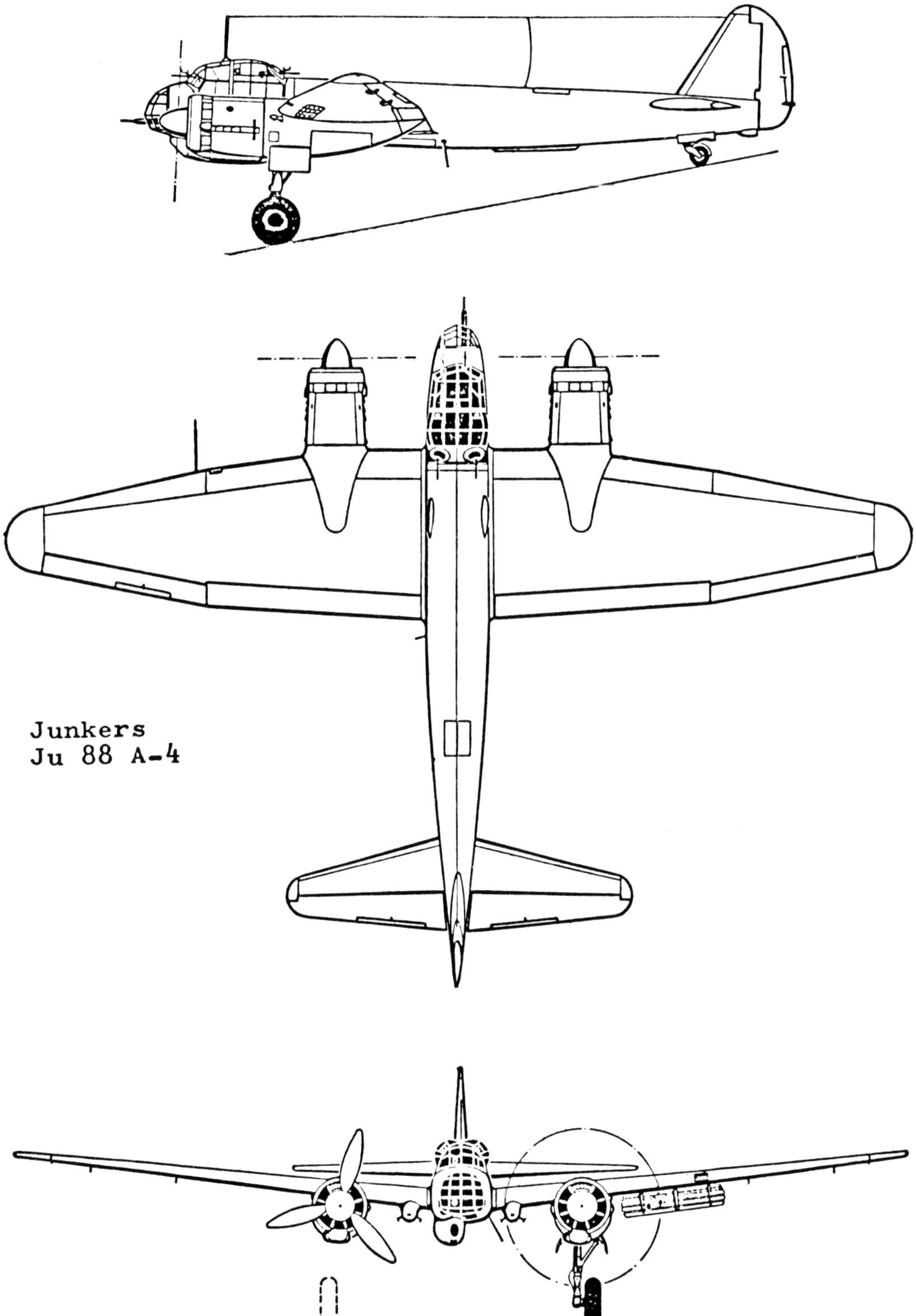

Junkers
Ju 88 A-4

Endmontage Ju 88 A-4 in Bernburg.

Fallschirmbremse und Luftschraube werden montiert.

Die Motoren der Ju 88 A-4 werden vor dem Einflug abgebremst.

Die 1042. Ju 88, eine A-4. Anordnung der Waffenstände ist gut zu erkennen.

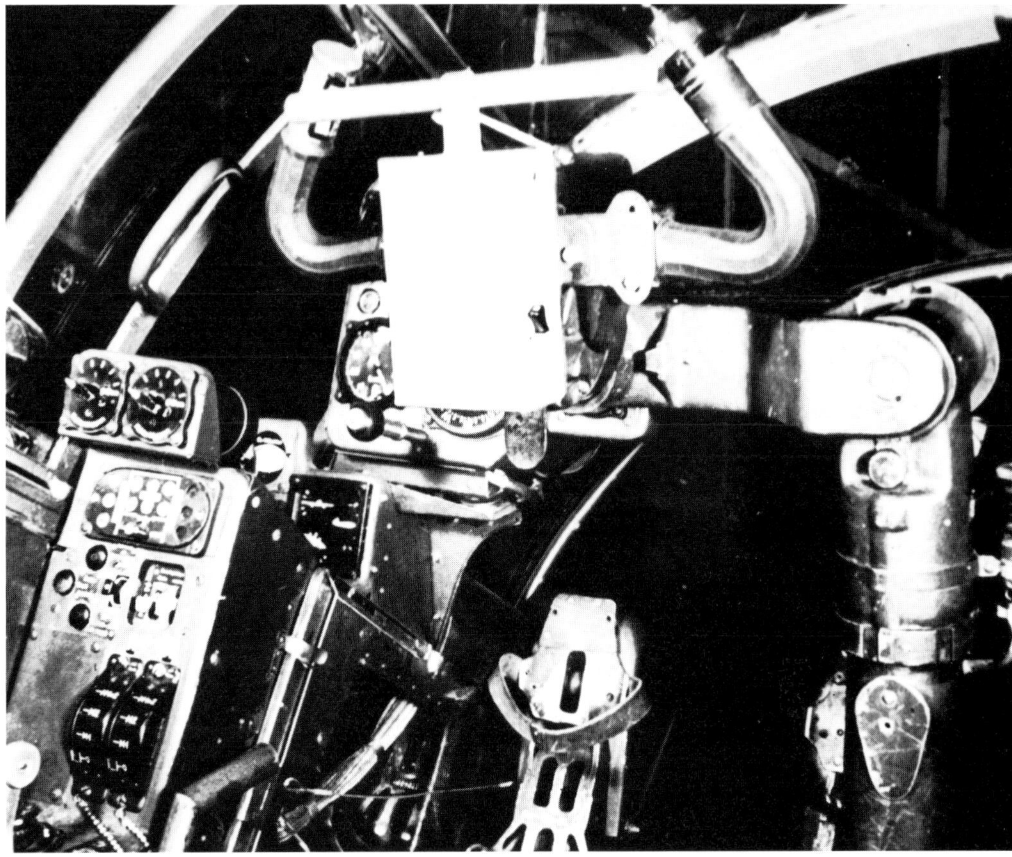

Steuerungsorgane der Ju 88 A-4.

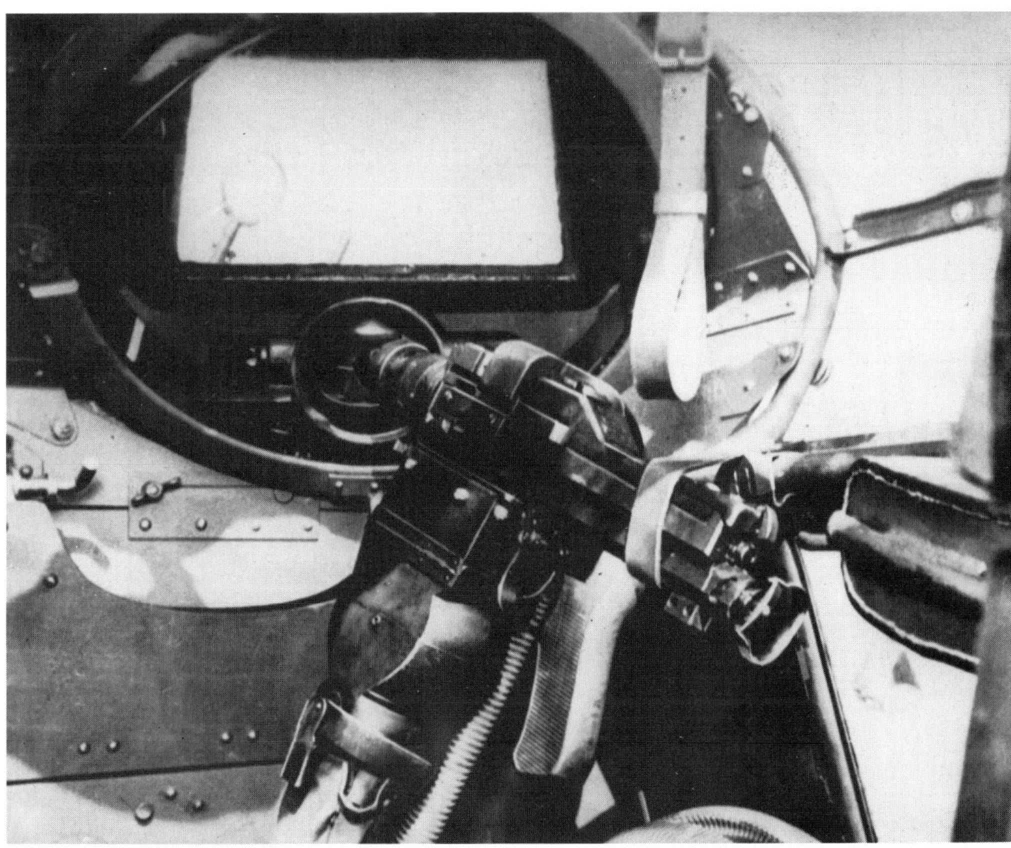

B-1-Stand mit MG 15, gepanzert.

92

◀ Das KG 51 wurde als eines der ersten auf Ju 88 A-4 umgerüstet. Oben: Flugzeuge der II. Gruppe. Für Nachtangriffe sind alle hellen Stellen schwarz übermalt. Unten: Flugzeuge der I. Gruppe an der Ostfront. Gelber Ring am Rumpf = Bereich Osten.

Rechts: Ju 88 A-4 des KG 30: B-Stände mit MG 81. – Unten: Versuchsweiser Einbau von zwei starren nach vorn feuernden MG 17 unter der Kanzel einer A-4.

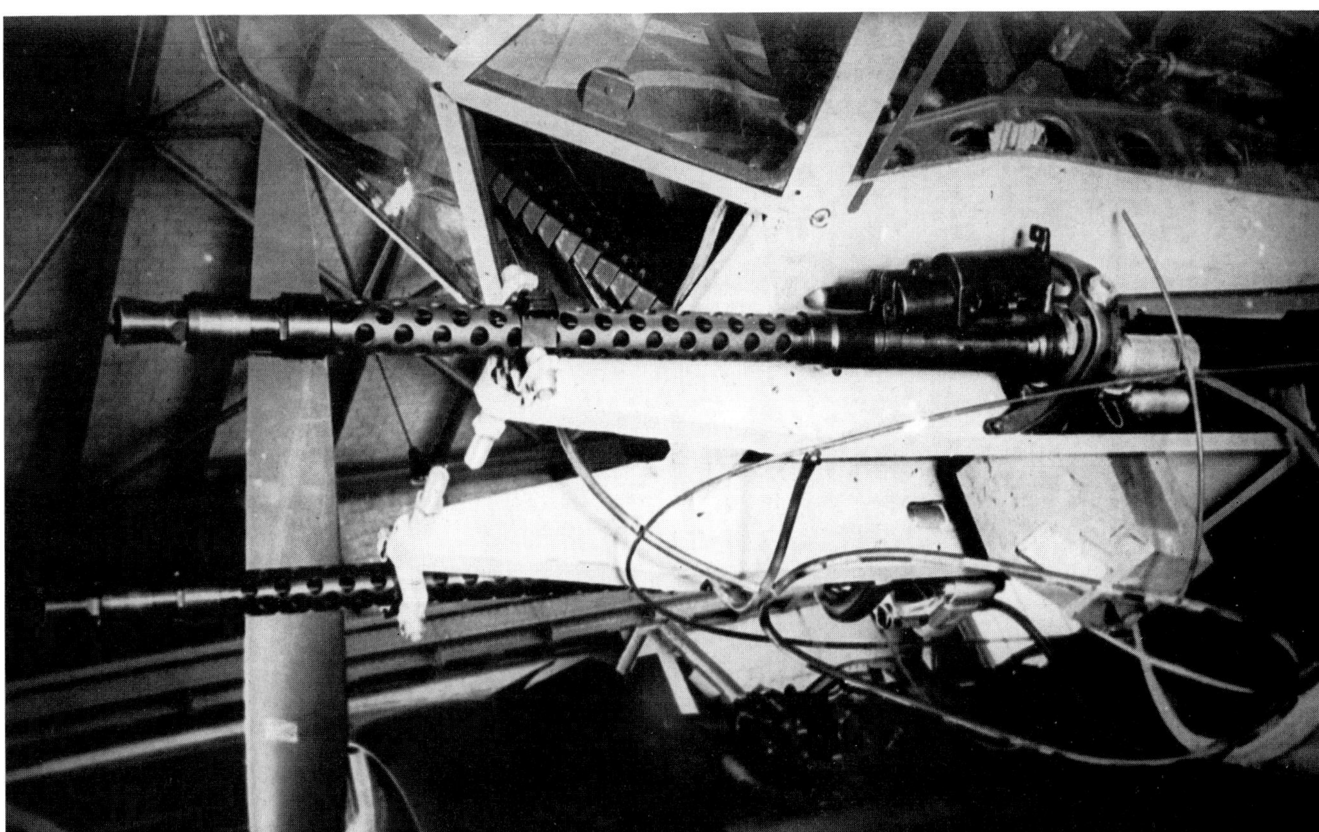

Ju 88 A-4 der Kampfgruppe (KGr) 806 waren zeitweise im Mittelmeerraum eingesetzt. Oben: Kampfpause auf dem Flugplatz Catania auf Sizilien; links: Blick aus dem B-Stand der Nachbarmaschine.

Auch das KG 30 war
1942 im Mittelmeer-
raum eingesetzt.
Oben: Angriff auf Malta.
Rechts: Notlan-
dung in Nordafrika.

Das LG 1 wurde 1941 auf Ju 88 A-4 umgerüstet. Links: Ju 88 A-4 kurz vor der Landung in Sizilien. Unten: Die Maschine schwebt über Catania zur Landung ein.

Ju 88 A-4 kurz nach dem Abheben. Die SC 250 Bomben an den Lastenträgern sind gut zu erkennen. Im Rumpf wurden meist Stabbrandbomben geladen. Darunter eine Maschine des KG 30 im Mittelmeerraum.

Ju 88 A-4 des KG 76 vor der Verlegung nach Osten. – Rechts: Angriff des KG 76 am 14. 7. 1941 auf Siwerskaja. Hauptmann Hallensleben, Kommandeur der I./KG 76.

Ju 88 A-4 des KG 76
über Griechenland
(Weißer Rumpfring =
Mittelmeerraum).

Ju 88 A-4 des KG 54 von den Engländern
in Nordafrika erbeutet.

Wirkung eines englischen Bombentreffers auf eine
Ju 88 A-4 des LG 1 in Saloniki.

Ju 88 A-4-Kampfgeschwader im Einsatz in Griechenland und in Afrika.
Links: II./KG 3.
Unten: LG 1.

KG 3 an der Ostfront: Rechts macht sich die Besatzung fertig zum Einsatz. Unten: Bombenwurf auf einen Eisenbahnknotenpunkt.

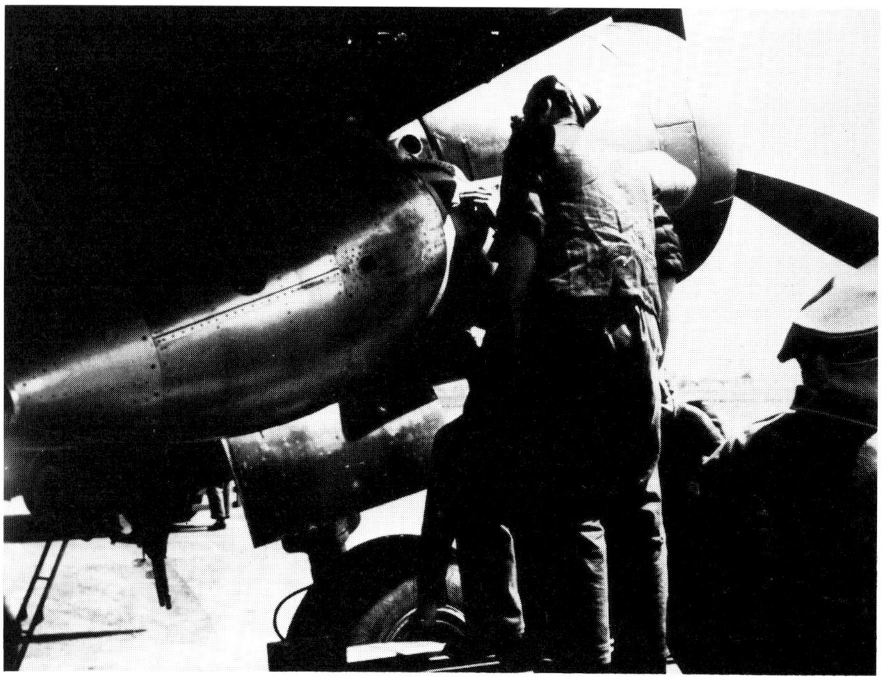

Bei der Mitnahme schwerster Bomben wie SB 1800 und SC 2500 benötigte die Ju 88 Schubraketen als Starthilfe. Oben: Startrakete fertig zum Einhängen. Links: Einbau des sogenannten »R-Gerätes«.

Start einer Ju 88 A-4 mit Startraketen. ► Oben: Rakete gerade gezündet. Unten: Wegen dieser starken R = Rauchentwicklung wurden die Startraketen »R-Geräte« genannt.

Durch Einbau des Änderungsmaterials Nr. 1097 konnte die Ju 88 A-4 zum Torpedoflugzeug umgebaut werden. Sie trug zwei normale Marine-Torpedos LT 950. ▶

Links: Nach erfolgtem Start wurden die ausgebrannten »R-Geräte« abgesprengt. Der vorn angebrachte Fallschirm öffnete sich und brachte die Geräte sicher zur Erde. – Unten: Oft genug waren die Flugzeuge durch Beschußschäden gezwungen, im Einmotorenflug zurückzufliegen. Ju 88 A-4: linker Motor Luftschraube in Segelstellung. Nur rechter Motor arbeitet.

Oben: Start einer Ju 88 A-4 mit zwei Torpedos (Mittelmeer).
Links: Diese Ju 88 A-4, wahrscheinlich der I./KG 77 angehörend, scheint nach der Buchführung am Leitwerk bei der Schiffsbekämpfung sehr erfolgreich gewesen zu sein.

Um den Torpedofliegern den Abwurf in sicherer Entfernung zu ermöglichen, entwickelte Blohm & Voss den Gleiter L 10 »Friedensengel«, der mit der Ju 88 A-4 W. Nr. 740 BF+YT erprobt wurde. ►

Der L 10 sollte als Träger für einen normalen LT 950 Torpedo dienen, der aus 2500 m Höhe in fast 8 km Entfernung abgeworfen werden sollte, während der LT 950 aus 3 km und einer Höhe von nur 200 m abgeworfen werden mußte. Das Fahrwerk der A-4 hielt die Belastung von 2 L 10 aber nicht aus.

Auch zur Erprobung des Transportbehälters »Dobbas« wurde eine Ju 88 A-4 verwendet. Dieser Behälter konnte mit Hilfe des oben gezeigten Gerüstes an den Lastenträgern der Ju 88 aufgehängt werden und konnte Lasten bis zur 7,5 cm Pak 40 L/46 tragen.

Die erste Flugerprobung der von Dr. A. Franz entwickelten Strahlturbine Jumo 004 erfolgte mit Hilfe einer Ju 88 A-4. Von diesem Strahltriebwerk, das auch in der Sowjetunion nachgebaut wurde, sind über 5000 Stück hergestellt worden.

Auch die bis 1944 mit Deutschland verbündete finnische Luftwaffe erhielt die Ju 88 A-4. Sie trugen wie die deutschen Ju 88 den gelben Ring um den Rumpf. Hier die finnischen JK-251 und JK-267.

Nach 1945 flogen noch zahlreiche Ju 88 A-4 in Spanien und Frankreich. ▶

Links: Finnische Ju 88 A-4 JK-266 mit zwei SC 250 unter den Flächen. – Unten: Auch Rumänien erhielt einige Ju 88 A-4.

6

70

Aus der Ju 88 A-5 hatte man eine Schul-Version mit Doppelsteuerung entwickelt, die Ju 88 A-7. Das gleiche tat man bei der Ju 88 A-4. Dieser Trainer Ju 88 A-12 hatte ebenfalls Doppelsteuerung, keine Sturzflugbremsen, aber einen etwas verbreiterten Führerraum.

Dann gab es die Bomberausführungen mit Tropenausrüstung, d.h. Staubfilter für die Motoren und Tropennotausrüstung im hinteren Teil des Rumpfrückens. Von der A-1 wurde auf diese Weise die A-9 abgeleitet (von der nur wenige Maschinen gebaut wurden), von der A-5 die A-10, von der einige Staffeln beim LG 1 im Mittelmeer eingesetzt waren, die aber bald durch die A-11 (Ju 88 A-4 mit Tropenausrüstung) ersetzt wurden. Ju 88 A-8 war eine Spezialmaschine zum Kappen von Sperrballonkabeln. Die sogenannte Kuto-Nase war in der Flächenvorderkante eingebaut, deren Außenhaut aus besonders weichem Blech bestand. Flog die Maschine gegen ein Ballonkabel, dann schnitt dieses die Außenhaut ein, traf auf eine Metallschiene, die im Bruchteil einer Sekunde das Kabel elektrisch durchschnitt. Da sich auch dieses Gerät nicht sonderlich bewährte, wurden die wenigen gebauten Maschinen zu normalen Bombern A-4 umgerüstet. Speziell für die Ostfront wurde die Ju 88 A-13 entwickelt. Es war eine Ju 88 A-4 mit starker Panzerung nach unten, da sie für Tiefangriffe eingesetzt werden sollte. Statt Bomben trug sie an den äußeren Lastenträgern auf jeder Seite einen Waffenbehälter WB 81 mit maximal ach MG 81. Davon feuerten je zwei parallel zur Flugbahn nach vorn und nach hinten, während die anderen im spitzen Winkel zur Flugbahn feuerten. Bei Kolonnenbeschuß im Tiefflug ergab sich durch diese Anordnung eine maximale Wirkung. Wegen der Streuwirkung der Waffen wurde diese Anordnung auch als »Gießkanne« bezeichnet. Statt der WB 81 wurden teilweise auch Bombenstreubehälter mit je 76 kleinen Splitterbomben verwendet. Weitere Abwandlungen aus der Ju 88 A-4 traten erst im Jahre 1942 in Erscheinung.

Die italienischen Verluste auf dem Nachschubweg nach Nordafrika durch die englischen Luft- und Seestreitkräfte, die ihre Basis auf dem »Unsinkbaren Flugzeugträger« Malta hatten, stiegen auf beängstigende Höhe. Rommels Operationen, die sich erfolgreich entwickelt hatten, wurden dadurch bedroht. Admiral Weichhold, der deutsche Marine-Befehlshaber im Mittelmeer, meldete 77% Verluste der Nachschubflotte für Nordafrika. Jetzt rief Hitler Generalfeldmarschall Kesselring aus seinem Winterquartier vor Moskau ab und ernannte ihn zum Oberbefehlshaber Süd mit der Aufgabe, die Lage im Mittelmeer zu bereinigen.

Im Dezember verlegte das II. Flieger-Korps unter Generaloberst Loerzer nach Sizilien. Nach den schweren Verlusten im Osten und durch die Umstellung auf tropische Verhältnisse war eine Reorganisation der Verbände unvermeidlich. Fünf Gruppen der Kampfgeschwader 54 und 77, sowie des Lehrgeschwaders 1 lagen jetzt in Catania, Gerbini und Comiso auf Sizilien. Die 12. Staffel des LG 1 lag in Barce und Derna und unterstand dem Fliegerführer Afrika Generalmajor Stephan Fröhlich. An Aufklärungseinheiten waren Ju 88 D-1 bei der 1.(F) Staffel Aufklärungs-Gruppe 122 in Catania und die 1.(F) 121 in Fuka-Derna. Dazu kamen einige Ju 88 C-4 der I/NJG 2 unter Hauptmann Jung, ebenfalls in Catania. Diese Gruppe war weit auseinandergezogen. Ein Teil mußte in Nordafrika für den Fliegerführer Afrika fliegen, ein paar in Kreta und etwa zehn Maschinen lagen in Catania. Davon gingen verloren: die

Besatzungen Lt. von Keudell Februar 1942 über Malta, kurz nach Weihnachten 1941 Lt. Babineck durch Flak über Malta, Lt. Schleif wurde, nachdem er am Vortage eine Blenheim abgeschossen hatte, am 18. Januar brennend über Malta abgeschossen. Lt. Haas wurde einige Tage später vermißt. Lt. Laufs verflog sich und krachte gegen die Wände des Ätna, der Adjudant Oberleutnant Schulz stürzte nach Luftkampf in die See und Unteroffizier Teuber stürzte mit Triebwerksschäden tödlich bei Benghasi ab. So wurden Nachtjagdbesatzungen im Tageseinsatz, für den sie nicht geschult waren, verheizt. Sie sollten ein Jahr später schon bitter fehlen.

Jetzt aber war die Hauptaufgabe, Malta auszuschalten. Oberst Deichmann, Stabschef des II. Fliegerkorps, legte einen Angriffsplan vor, der nach längerer Diskussion akzeptiert wurde. Am 20. März begann der Angriff. Als die ersten Staffeln sich näherten, wurden die Engländer hellhörig. Das war nicht das gewöhnliche leise Brummen von einzelnen Ju 88 die Störangriff flogen, sondern das tiefe Brummen eines größeren Verbandes. Die Deutschen setzten bei diesem Angriff zum ersten Mal panzerbrechende PC 1000-Bomben ein. Die stereoskopische Aufnahme eines Fernerkunders hatte ergeben, daß sich am Rande eines Flugplatzes wahrscheinlich ein unterirdischer Hangar befand. Dieser wurde voll getroffen. Genaueres über den Treffer erfuhr man zwar nicht, aber am nächsten Tag war keine Jagdabwehr festzustellen, als die deutschen Bomber wieder angriffen. Bei diesem Angriff, der wieder gegen Ta Kali gerichtet war, waren folgende Verbände eingesetzt: Kampfgruppe 606 und 806, I. Gruppe KG 54, I. und II./KG 77, III./ZG 26, das ganze JG 53 und die II./JG 3. Alle eingesetzten Bomber waren Ju 88 A. Insgesamt waren kurzfristig zweihundert deutsche Flugzeuge über Ta Kali. Zum ersten Mal in der Geschichte des Luftkrieges wurde ein Bombenteppich gelegt, wie ihn später Engländer und Amerikaner in vollendeter Form auf deutsche Städte abluden. Ta Kali sah nach dem Angriff aus, als ob dort ein Vulkanausbruch erfolgt wäre. Am 22. März wurden andere Flugplätze, gemäß Ziffer 2 des Deichmannschen Plans, mit Bomben belegt. Dann aber mußte man eine Pause eintreten lassen, da sich von Alexandria her ein Konvoi zur Versorgung Maltas bestehend aus vier Schiffen mit Munition, Brennstoff und Lebensmitteln näherte. Es war ein verzweifelter Versuch der Engländer, Malta zu helfen, trotz der nun einmal vorhandenen deutschen Luftüberlegenheit. Italienische Flottenverbände versuchten den Konvoi anzugreifen, kamen wegen des starken Kriegsschiffgeleits aber nicht an die Schiffe heran. Es gelang ihnen jedoch, den Anmarsch des Konvois zu verzögern. So wurde der Konvoi eine Beute der deutschen Bomber.

Etwa 35 km vor Malta sank der Transporter »Campbell« nach Volltreffer. Der Marine-Versorger »Breconshire« wurde in schwer beschädigtem Zustand nach der Marsa Scirocco Bucht eingeschleppt, wo weitere Angriffe sein Dasein beendeten. Die übrigen zwei Schiffe wurden drei Tage später beschädigt nach La Valetta eingeschleppt. Es war den Engländern möglich, in den kurzen Pausen zwischen den Angriffen etwa 5000 Tonnen der Ladung zu bergen, aber etwa 80% der Ladung des Konvois war verloren. Ende März begann dann Punkt 3 des Programms, die Bombardierung der Docks und Hafenanlagen. Die Wirkung war dermaßen, daß alle englischen Schiffe gezwungen waren, La Valetta zu verlassen. Damit war die Bedrohung der Nachschublinien

Rommels noch einmal abgewendet. Daran konnte auch nicht ändern, daß mit Hilfe des amerikanischen Flugzeugträgers »Wasp« fünfundsiebzig Spitfire nach Malta gelangten. Die Deutschen hatten aufgepaßt, und wenige Stunden nach der Ankunft waren nur noch siebenundzwanzig Spitfire übrig. Der Rest wurde in kurzer Zeit vom JG 53 vernichtet.

Am 10. Mai liefen vier britische Zerstörer aus Alexandria aus: »Jervis«, »Jackal«, »Kipling« und »Lively« mit dem Auftrag, einen italienischen Geleitzug auf dem Wege von Tarent nach Benghasi zu fassen und zu vernichten. Da die Royal Air Force ihre Basen auf Malta nicht benutzen konnte und die Basen zwischen Derna und Benghasi verlorengegangen waren, mußte die Royal Navy mit so einem langen Anmarschweg versuchen, die Kastanien aus dem Feuer zu holen. Ein sehr riskantes Unternehmen. Am Mittag des 11. Mai standen die vier Zerstörer zwischen Tobruk und Kreta, als sie von einer Ju 88 D-2 der Fernaufklärungsgruppe 123 entdeckt wurden.

Die Meldung des Aufklärers veranlaßte das Kommando des X. Flieger-Korps in Athen, die I. Gruppe des Lehrgeschwaders 1 in Heraklion auf Kreta und auch die II./LG 1 in Eleusis zu alarmieren. Hauptmann Helbig, Führer der I./LG 1, die sich bereits bei den Einsätzen gegen Kreta ausgezeichnet hatte, wies seine Besatzungen an, die Bomben erst bei 750 m Höhe zu lösen, da anders den schnell fahrenden Zerstörern nicht beizukommen war. Was es bedeutete, aus 4000 m Höhe in das wütende Flakfeuer der Zerstörer hineinzustürzen, kann sich jeder ausmalen. Die englischen »Multiple Pompom's« waren fast genauso gefährlich wie ihr deutsches Gegenstück der 2 cm Flakvierling 38. Helbig und seine vierzehn Ju 88 A-4 waren schnell am Feind. Captain Poland hatte gerade Funkverbindung mit zwei Beaufighter, die von Afrika aus als Geleitschutz fungieren sollten, als die ersten Ju 88 auftauchten. Es waren nicht nur zwei Flugzeuge, sondern mehr, also die verdammten »Hunnen«. Kurz nach halb vier nachmittags begann der Angriff. Helbig stieß als erster hinab, die anderen folgten. Aber trotz haushoher Fontänen von den Einschlägen schien kein Schiff getroffen zu sein. Keiner bemerkte, wie in diesem Wirbel der Zerstörer »Lively« binnen drei Minuten sank. Die enttäuschten Männer der I./LG 1 kehrten zurück nach Heraklion, und Helbig erklärte: »Wir greifen sie heute abend aus der untergehenden Sonne heraus an und lösen erst bei 450 m aus!« Um fünf Uhr nachmittags griff dann die II./LG 1 unter Hauptmann Kollewe an. Kein Erfolg! Um sieben Uhr abends griff Helbig dann zum zweiten Male an. Diesmal nur mit sieben Maschinen. Der Erfolg war diesmal auf seiner Seite: »Kipling« sank binnen weniger Minuten, »Jackal« am nächsten Morgen, nachdem man vergeblich versucht hatte ihn abzuschleppen. So kehrte Captain Poland nur mit seinem Führer-Zerstörer »Jervis« nach Alexandria zurück.

Helbig erhielt das Eichenlaub zum Ritterkreuz für seine Leistung, aber sicher war er über den Kasten Sekt, den ihm Kesselring schickte, auch nicht böse.

Am 26. Mai 1942 begannen die deutsch-italienischen Verbände eine neue Offensive in Nordafrika, die zuerst zur Einschließung des von den Freien Franzosen gehaltenen Wüstenforts Bir Hacheim und am 16. 6. zur Einschließung von Tobruk führten. Am 20. 6. morgens um 5.20 Uhr erschienen Stukas und Bomber, meist Ju 88 der LG 1, KG 54 und KG 77, und begannen die Bombardierung der Festung. Vierzehn Stunden später war Tobruk in deutscher Hand.

Fernerkunder an allen Fronten. – Oben: Ju 88 D-2 5F+DM der Aufkl.Gr. 14. Unten: Ju 88 D-1 der 2.(F)/122.

Oben: Notlandung in der Wüste: Ju 88 D-2 der 1.(F)/121.– Rechts: Ju 88 D-5 mit zwei 300 Liter-Außentanks für Ferneinsätze.

◀ Oben: Fernerkunder Ju 88 D-1 der Aufkl.Gr. 33 im Mittelmeerraum. – Unten: Eine Maschine des gleichen Typs im Osten. Trotz Staffelabzeichen unterhalb der Kabine konnte die Einheit nicht festgestellt werden.

General Peltz, neben Baumbach wahrscheinlich der bedeutendste deutsche Kampfflieger, landet 1944 zum letzten Mal im abgeschnittenen La Rochelle. Begrüßung mit Korvettenkapitän Zapp.

Ju 88 D-1, USAF-Nr. 30650, die heute noch im US-Air Force-Museum in Dayton, Ohio steht.

An der Ostfront hatte sich inzwischen auch einiges ereignet. Am 8. Mai 1942 begann unter dem Oberkommando des Generalobersten von Manstein die XI. Armee ihr Unternehmen »Trappenjagd«, die Rückeroberung der Halbinsel Kertsch. Von der Luftwaffe nahm daran das VIII. Flieger-Korps unter General Wolfram Frhr. von Richthofen teil. Nur einige Fernerkunder Ju 88 D-1 waren dabei eingesetzt. Das VIII. Flieger-Korps bestand hauptsächlich aus Stuka- und Zerstörer-Verbänden. Das Unternehmen wurde am 16. Mai erfolgreich abgeschlossen. In diesem Bereich erfolgte dann im Juni/Juli unter der gleichen Führung das Unternehmen »Störfang«, die Eroberung der Festung Sewastopol. Am 12. Mai begann im Raum Charkow die sowjetische Offensive, der am 17. Mai die deutsche Gegenoffensive folgte, die zwar mit der Niederlage der drei sowjetischen Armeen der Heeresgruppe Timoschenko endete, aber die deutschen Verbände empfindlich schwächte. Am 2. Oktober wurde die Schlacht am Ladogasee beendet. Entscheidende Erfolge hatte auch sie nicht gebracht. An mit Ju 88 ausgerüsteten Verbänden waren an der Ostfront die Kampfgeschwader 1, 3, 6, 30 und 76 eingesetzt, dazu kamen noch neun Aufklärungsstaffeln mit Ju 88 D-1 und D-2. Speziell für den Einsatz im Osten waren aus der Ju 88 A drei neue Aufklärerversionen entwickelt worden.

Aber auch neue Abwandlungen der A-Reihe entstanden in dieser Zeit in den Konstruktionsbüros in Dessau. Dazu gehörte die Ju 88 A-14, die eine Ergänzung der A-13 darstellte. Von der Ju 88 A-4, dem Ausgangsmuster, unterschied sie sich hauptsächlich durch die fehlenden Sturzflugbremsen und die zusätzliche Panzerung. Sonst entsprach sie weitgehend der A-4. Einige Maschinen dieser in kleiner Serie gebauten Ausführung erhielten als zusätzliche Bewaffnung ein 2 cm MG/FF unter der Bugnase im vorderen Teil der Bodenwanne eingebaut. Diese Maschinen wurden von der französischen Küste aus zur Bekämpfung von Schiffszielen eingesetzt.

Die Ju 88 A-15 war eine Notlösung zur Schaffung eines schweren Bombers. Die Maschine sollte eine Bombenlast von 3000 kg tragen, ohne zuviel Geschwindigkeitsverlust zu erleiden. Man verminderte die Besatzung auf drei Mann, die Bewaffnung auf zwei MG 15 und baute unter dem Rumpf eine lange hölzerne Bombenwanne an. Die kleine normale Bodenwanne verschwand dadurch. Die Maschine hatte ein Startgewicht von 12 800 kg. Es wurde nur eine kleine Serie gebaut.

Aus der A-4 mit Torpedo-Rüstsatz entstand die Ju 88 A-17, die hauptsächlich im Mittelmeer zum Einsatz kam. Sie war ebenfalls aus der Ju 88 A-4 entwickelt, unterschied sich von dieser hauptsächlich durch die fehlende Bodenwanne. Die Maschine trug zwei 45 cm-Torpedos unter dem Rumpf. Die Bewaffnung bestand aus einem MG 15 in der Frontscheibe, und je einem MG 81 im B-1- und B-2-Stand. Die Besatzung bestand aus drei Mann. Bei einem Startgewicht von 11 500 kg erreichte die Ju 88 A-17 eine Höchstgeschwindigkeit von 470 km/h.

Aus der Ju 88 D-1 entstand die Ju 88 D-3, die sich von der D-1 lediglich durch den Einbau der Tropenausrüstung unterschied. Ebenfalls aus der D-1 entstand die D-5, die teils mit Jumo 211 G, teils auch mit 211 J ausgerüstet wurde. Sie hatte VDM- statt Junkers-Luftschrauben. Bei einem Startgewicht von 11 300 kg hatte sie ohne Zusatztanks eine Flugstrecke von 3100 km. Die Höchstgeschwindigkeit betrug 480 km/h. Sie konnte drei Bildgeräte aufnehmen, die hinter dem Spant 15 ein-

TEXT 133

Ju 88 A-6 mit Sperrballonseilabschneider. Die Flugstabilität litt derartig durch dieses Gerät, daß man schnell davon abging.

Unten und rechte Seite unten:
Die verbliebenen Ju 88 A-6 wurden mit Funkortungsgeräten FuG 200 ausgerüstet und dann hauptsächlich beim KG 40 zur Schiffsbekämpfung eingesetzt. Diese Maschinen wurden dann als Ju 88 A-6/U bezeichnet.

Oben: Funker einer Ju 88 A-6/U sichert mit MG 131 (12,7 mm) den rückwärtigen Sektor.

Ju 88 A-6/U auf der Kriegsbeute-Ausstellung in Farnborough 1946. Die Maschine ist mit zwei 300 Liter-Zusatztanks und Ortungsgerät FuG 200 »Hohentwiel« ausgerüstet.

Eine Ju 88 A-10 des LG 1 fliegt zum Angriff gegen Bir Hacheim.

Eine Maschine gleichen Typs, ebenfalls vom LG 1, nach einer Notlandung in der Wüste.

Ju 88 A-10 des LG 1, L1+LW, während des Afrikafeldzugs.

Ju 88 A-11 des LG 1, L1+NH, die von den Engländern nach der Schlacht bei El Alamein erbeutet wurde.

Ju 88 A-11 des LG 1 fliegen zum Nachtangriff. Der sandfarbene Anstrich ist unten und seitlich schwarz übermalt.

Schulflugzeuge Ju 88 A-12 und Ju 86 E-2.

Schlachtflugzeug Ju 88 A-13 mit zwei WB 81.

Waffenbehälter WB 81 B mit 3 MG 81, oben geöffnet, unten geschlossen.

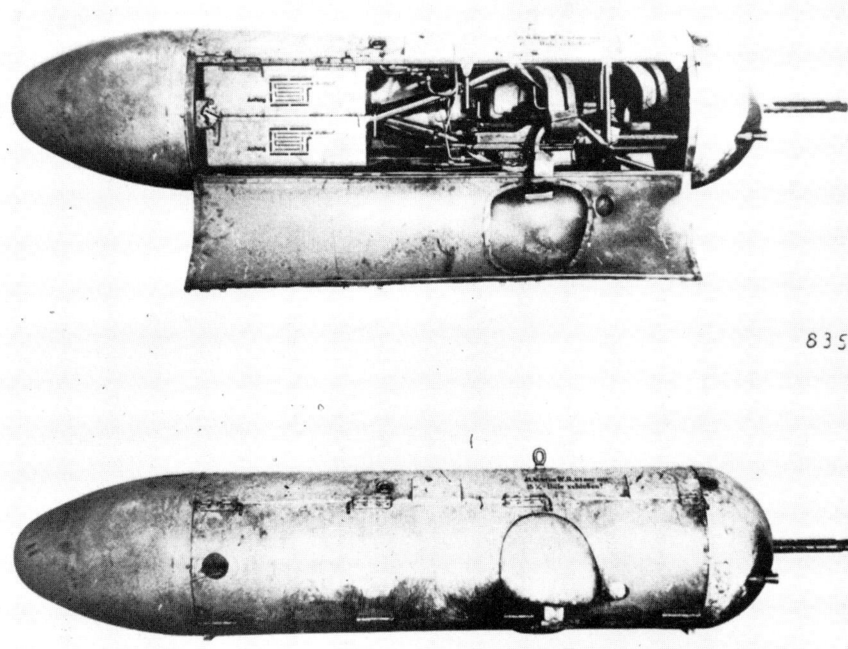

SC 500 Sprengbomben auf dem Flugplatz Derna 1942.

Bomben schwerster Kaliber, die die Ju 88 schleppte. – Oben: SC 1000, die 10 Meter tiefe Krater aufriß.
Unten: Die schwerste deutsche Bombe SB 2500, Sprengladung 1700 kg.

Bei dieser Ju 88 A-4 wurde mit Hilfe des Änderungsmaterials Ä.M. 2204 ein zusätzliches MG/FF eingebaut.

Diese Ju 88 A-13 wurde nach dem Kriege nach USA gebracht, nachdem sie erst in Farnborough mit US-Stern und Royal Air Force-Streifen ausgestellt war. In USA wurde dann der übermalte Teil nochmals übermalt und mit Balkenkreuz und Hakenkreuz (zu groß!) versehen.

Um die durch die Bodenwanne zu langsame Ju 88 A-4 Torpedo schneller zu machen, wurde bei der Ju 88 A-17 auf die Bodenwanne verzichtet. Hier eine Ju 88 A-17 in Italien.

Bereits in der Anfangsphase der Ju 88 wurde eine Version mit vergrößerter Bombenwanne geplant. Dies wurde in der A-15 verwirklicht, die durch Umbau aus A-4 entstand.

So standen 1944/45 die alten Ju 88 zu Hunderten zerfetzt und kampfunfähig auf den deutschen Feldflugplätzen.

Bei der Ju 88 A-14 war in die Bodenwanne ein starres MG/FF eingebaut. Die untere Aufnahme ist in Italien gemacht. Im Hintergrund brennt eine durch Bombenwurf zerstörte Cant. Z. 1007 bis.

gebaut wurden. Sie wurde auch mit Tropenausrüstung als Rüstsatz geliefert.
Die Verstärkung der englischen Nachtbombenangriffe, insbesondere der verstärkte Einsatz der viermotorigen Muster Halifax, Stirling und Lancaster, zwangen zur Verstärkung der deutschen Nachtjagd. Gegen den ersten schweren Bomberangriff mit 234 Maschinen der genannten Muster auf Lübeck, bei dem 144 Tonnen Brandbomben und 160 Tonnen Sprengbomben abgeladen wurden, versagte die deutsche Abwehr. Die deutsche Antwort bestand in sogenannten Störangriffen gegen Exeter, Norwich, York und Bath durch neunzig Ju 88 A-4, die man für diesen Zweck aus dem Mittelmeerraum abziehen mußte.
In Afrika kam der Rückschlag von El Alamein, die Landung der Alliierten in Tunesien in Algerien, die zur Vernichtung des deutschen Afrika-Korps führten.
Die Nachtjagd erhielt im Februar 1942 die ersten Funkortungsgeräte. Zuerst wurden die Typen Dornier Do 17 Z-6, Do 17 Z-10, Do 215 B-5, Messerschmitt Bf 110 D und Bf 110 F damit ausgerüstet.
Im Herbst 1942 lieferte Junkers die ersten Zerstörer, die Ju 88 C-6. Die Ju 88 C-6 war aus der Ju 88 A-4 abgeleitet und hatte dieselben Abmessungen wie diese. Sie waren von vornherein als Nachtjäger ausgelegt. Zwar gab es auch eine C-6a als Tagjäger. Diese ist aber, soweit dem Autor bekannt, selten verwendet worden. Alle Ju 88 C-6, die bei der Junkers Werft Leipzig zur Reparatur kamen, waren C-6 mit Lichtenstein-Gerät, also Nachtjäger. Die Antennen des Lichtenstein BC verursachten bei der Ju 88 C-6 einen Geschwindigkeitsverlust von etwa 8–9 km/h. Dazu litt das neue Gerät noch unter erheblichen Kinderkrankheiten. Schließlich konnten die Ju 88 C-6 bald mit dem verbesserten FuG 212 C-1 ausgerüstet werden. Als Triebwerk diente der Jumo 211 J. Alle C-6 hatten Abgasflammdämpfer. Die starre Front-Bewaffnung bestand aus drei MG 17 und drei MG 151. Die Abwehrbewaffnung bestand aus einem MG 81 Z im B-Stand. Sturzflugbremsen und Lastenträger entfielen selbstverständlich. Bei einem Startgewicht von etwa 12 Tonnen erreichte die C-6 eine Höchstgeschwindigkeit von 500 km/h; sie wurde 1943 noch verbessert und erhielt die letzte Ausführung des Lichtenstein-Geräts, das FuG 220 Lichtenstein SN 2. Teilweise wurde auch das Zusatzgerät FuG 227 eingebaut. Ein Teil der Serie erhielt auch eine neue, nach vorn schräg aufwärts feuernde Bewaffnung von zwei MG 151/20 (2 cm). Diese Bewaffnung, unter dem Namen »Schräge Musik« bekannt geworden, ist zuerst von den Japanern bei ihrem Zerstörer Kawasaki Ki 45 »Toryu« (Pacific-Code-Bezeichnung »Nick«) eingebaut und erfolgreich erprobt worden. Um die meist sehr hoch fliegenden Nachtbomber besser fassen zu können, wurde der Jumo 211 H mit TK 11a Höhenlader eingebaut. Bei einem Startgewicht von 11 900 kg erreichte diese letzte Ausführung der Ju 88 C-6 eine Höchstgeschwindigkeit von 550 km/H.
Bereits anläßlich des Verlustes des Schlachtschiffs »Bismarck« hatte es sich gezeigt, daß die Ju 88 für den Krieg im Atlantik aufgrund der mangelnden Reichweite höchstens als Aufklärer zu gebrauchen war. Trotz 218 Einsätzen war es den Ju 88 der Luftwaffe nicht gelungen, die »Bismarck« gegen ihre Gegner abzuschirmen. Jetzt, im Sommer 1942, zeigte sich eine Möglichkeit, die Ju 88 erfolgreich auch im Seekrieg einzusetzen. Der Luftflotte 5 unter Generaloberst Stumpf wurden das mit Ju 88 A-4 ausgerüstete KG 30 und die mit Ju 88 D-5 ausgerüsteten Fernaufklärungsstaffeln 1(F)122 und

Flugzeugführer der I./NJG 3 mit Ju 88 C-6.

Ju 88 C-6 der I./NJG 3 (Hptm. Peters) in Nordafrika.

Eine von A-4 zur C-6 umgebaute Ju 88 des NJG 2 nach Bauchlandung.

Diese Ju 88 C-6 wurde im Osten von dem Kapitän der 4. Staffel des KG 76 Hptm. Lukesch geflogen.

Hptm. Lukesch flog, nachdem er während einer Auffrischung seiner Staffel in Wiener Neustadt auf seine Ju 88 C-6 eine Bomberkanzel hatte aufmalen lassen, bei Angriffen ganz außen, worauf er von russischen Jägern, wie üblich, sofort angegriffen wurde. Diese waren dann sehr überrascht, wenn der vermeintliche Bomber sich als schwerer Jäger entpuppte und aus allen Rohren feuerte.

Ju 88 C-6 der 1.(J)/KG 40 mit FuG 212.

Ju 88 C-6 mit FuG 212 »Lichtenstein C 1«.

Bug der Ju 88 C-6 mit Antennen des »Lichtenstein SN 2« FuG 220.

Major Heinrich Prinz zu Sayn-Wittgenstein, gefallen 21. 1. 1944 als Kommodore des NJG 2, errang die meisten seiner 83 Luftsiege auf Ju 88-Nachtjagdflugzeugen.

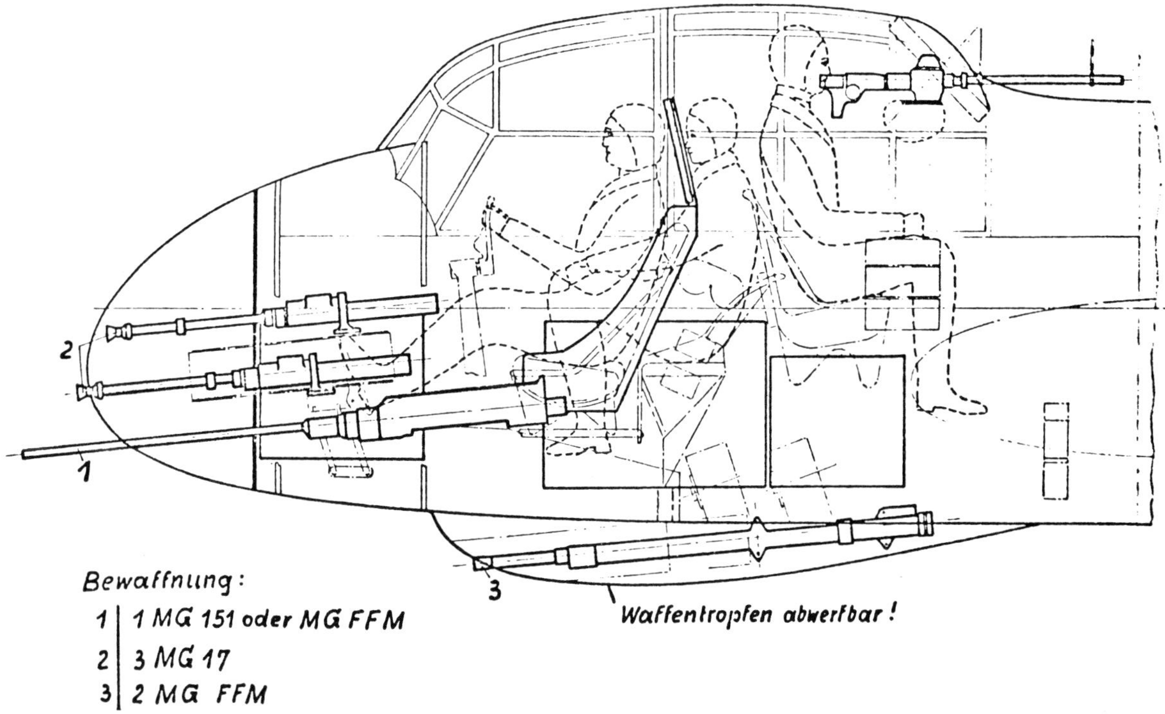

Werksschnittzeichnung der Ju 88 C-6-Kabine.

Leistungsübersicht der Ju 88 Zerstörer

		C-2	C-4	C-5	B-3 als Zerstörer
Motor		2×Jumo 211B	2×Jumo 211F	2×BMW801	2×BMW 801
N_{Start}	PS	2×1220	2×1420	2×1560	2×1560
N_{Kampf}	PS	2×950	2×1280 ⊗	2×1320	2×1320
N_{Dauer}	PS	2×815	2×905	2×1030	2×1030
Abfluggewicht	kg	11160	11500	11430	12470
Roll-Startstrecke	m	600/870	510/740	385/600	530/760
Steiggeschwindigkeit nach Start	m/sec	5,4	7,30	10,10	8,67
Reichweite in H = 6 km bei maximaler Motordauerleistung	km	3050	3470	2300	2300
Reichweite in H = 6 km bei günstigster Motordrosselung	km	4150	4600	3000	2850
Bei mittlerem Fluggewicht	kg	9500	10060	9700	10900
V max	km/h	495	553	580	540
V Reise	km/h	475	501	511	510
Steiggeschwindigkeit in H = 0 km	m/sec	7,5	9,23	12,7	10,95
Steigzeit auf 6000 m	min	14,5	12,0	9,7	11,5
Dienstgipfelhöhe	m	9400	10100	9700	9050
			⊗ 1 min		

1(F)124 für die Bekämpfung der Geleitzüge unterstellt, die von USA und England nach Archangelsk liefen, um der unter Materialmangel leidenden Sowjetunion unter die Arme zu greifen.

Anfänglich wurden recht gute Erfolge erzielt, wobei allerdings festgestellt werden muß, daß die mit Torpedos ausgerüsteten Heinkel He 111 H-6 des KG 26 größere Erfolge erzielten, als die Ju 88 A-4 des KG 30. Die III./KG 30 versenkte aus dem Geleitzug PQ 13 zwei Frachter. Ende Mai versenkten He 111 des KG 26 (Löwen-Geschwader) und Ju 88 des KG 30 sieben Schiffe des aus 35 Schiffen bestehenden Geleitzugs PQ 16 und beschädigten fast alle anderen Schiffe. Der größte Erfolg wurde aber beim Geleitzug PQ 17 Anfang Juli 1942 erzielt. KG 30 unter Führung des Majors Blödorn griff laufend mit allen drei Gruppen unter Führung der Hauptleute Kahl, Stoffregen und Hermann an und versenkte zahlreiche Schiffe. Generaloberst Stumpf meldete für den Bereich der Luftflotte 5 die Versenkung von 22 Schiffen mit 142 216 Tonnen. Von der Ladung des Geleitzuges gingen verloren: 3350 Fahrzeuge, 430 Panzer und 210 Flugzeuge.

Um diese Zeit entstanden in Dessau die ersten Versuchsmuster von zwei neuen Ju 88-Serien. Es handelte sich um die Ju 88 S, einen Schnellbomber, und die Ju 88 T, einen Schnell-Aufklärer. Sie unterschieden sich äußerlich überhaupt nicht, nur der Inneneinbau war verschieden. Die Truppe, die diese Maschine bekam, glaubte, schon aufgrund der guten Leistungen des Typs etwas vollkommen Neues in die Hand zu bekommen, dabei war diese Entwicklung im Grunde nur ein Rückgriff auf den ursprünglichen Entwurf der Ju 88, wie er in der Ju 88 V 3 verwirklicht worden war. Ju 88 S und T hatten nur eine Defensivbewaffnung von einem MG 131 und einem MG 81. Die Bodenwanne war verschwunden, die Außenlastenträger ebenfalls. Statt der kantigen planverglasten Kanzel hatte man eine aerodynamisch günstige sphärisch gebogene Plexi-Kanzel eingebaut, die allerdings nicht ganz so schlank war wie bei der V 3. Selbstverständlich hatten die neuen Maschinen stärkere Motoren und einige Sondereinbauten, die zur Zeit der V 3 noch unbekannt gewesen waren, aber im Endeffekt stellten Ju 88 S und T nun endlich nach sechs Jahren die Verwirklichung des ursprünglichen Konzepts von Evers und Gassner dar. Zu spät, viel zu spät, um noch zur Wirkung zu kommen, wie so viele deutsche Projekte zu spät kamen.

Als Prototyp diente eine umgebaute Ju 88 A-4 unter der Bezeichnung Ju 88 S-0, von der sie sich nur durch die neue Kanzel und die fehlenden Außenlastenträger unterschied. Erst die Ju 88 S-1 hatte die endgültige neue Linie. Die Besatzung bestand aus drei Mann, als Triebwerke dienten zwei BMW 801 G von je 1600 PS. Die Bombenlast betrug nur 800 kg. Mit GM-1-Einspritzung konnte die Maschine bei einem Startgewicht von rund 11 Tonnen eine Höchstgeschwindigkeit von 600 km/h erreichen. Das gleiche galt für die T-1, die statt Bomben zwei Bildgeräte trug. Bei ihr lag die Höchstgeschwindigkeit noch etwas höher. Als erste Einheit wurde die 2. Staffel der Fernaufklärungsgruppe 123 mit der Ju 88 T-1 ausgerüstet.

1944 wurde, da die Bombenlast der Ju 88 S-1 nicht ausreichend erschien, eine kleine Serie Ju 88 S-2 gebaut, die eine lange Bombenwanne nach Art der Ju 88 A-15 erhielt, in deren rückwärtigem Teil sich ein C-Stand mit MG 81 Z befand. Die Bombenlast betrug maximal 1500 kg. Mit zwei BMW 801 TJ erreichte die Maschine eine Höchstgeschwindigkeit von 595 km/h. Im Herbst 1944 wurde dann noch

Zwei Aufnahmen einer Ju 88 S-1, die 1946 auf der Kriegsbeuteausstellung in Farnborough zu sehen war. Balkenkreuz und Hakenkreuz sind erst später wieder angebracht worden.

Eine der wenigen Ju 88 T-1, die noch zum Einsatz kamen, bei der 2.(F)/123. Auf dem Bild links wird die Filmkassette des Reihenbildgerätes gerade in ein Motorrad verladen, das sie zur Entwicklung bringen soll.

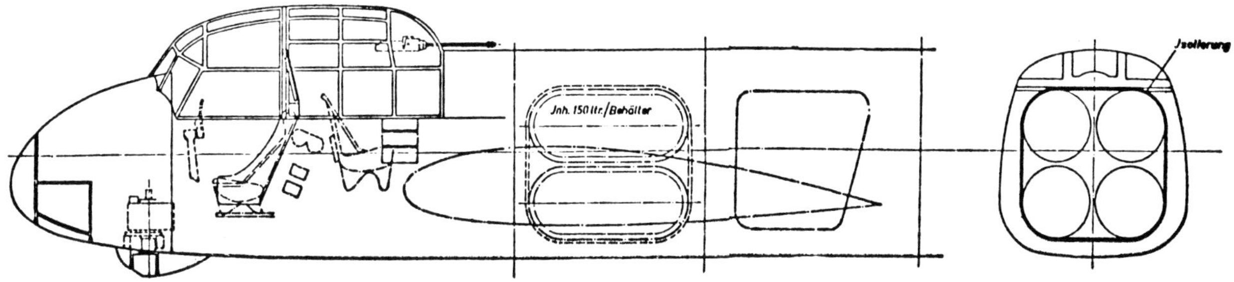

Schnellbomber cus Ju 88 A-4 mit Jumo 211 J

		Hinflug	Rückflug			Hinflug	Rückflug
Reisehöhe	km	9	9	Flugstrecke mit GM 1	km	250	250
V_{Reise} mit GM 1	km/h	515	545	Anflugstrecke ohne GM	km	315	315
V_{max} mit GM	km/h	550	575	bei 25% Kraftstoffreserve			
Abfluggewicht	kg	12500		Gesamtreichweite b. 25% Reserve	km	1130	

Bombenlast kg 1000

Wurde als Ju 88S-1 mit BMW 801 gebaut

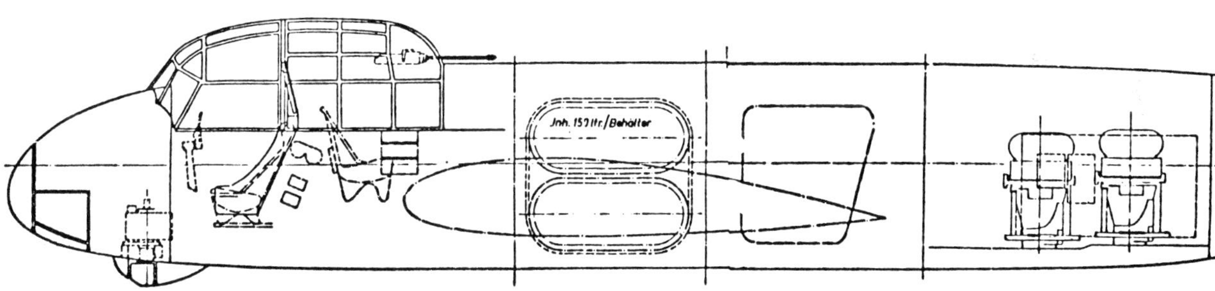

Fernerkunder aus Ju 88 A mit Jumo 211J

		Hinflug	Rückflug			Hinflug	Rückflug
Reisehöhe	km	9	9	Flugstrecke mit GM 1	km	310	310
V_{Reise} mit GM 1	km/h	535	550	Anflugstrecke ohne GM 1	km	300	300
V_{max} mit GM 1	km/h	565	580	bei 25% Kraftstoffreserve			
Abfluggewicht	kg	11620		Gesamtreichweite b. 25% Reserve	km	1220	

Wurde als Ju 88 T-1 mit BMW 801 gebaut

eine Serie Ju 88 S-3 begonnen, die der S-1 entsprach, aber mit zwei 1750 PS Jumo 213 E-1 ausgerüstet war. Sie erreichte bei einem Startgewicht von 10 500 kg eine Höchstgeschwindigkeit von 600 km/h, mit GM 1-Einspritzung sogar kurzfristig 615 km/h. Wegen der Priorität des Jägernotprogramms wurde die Serie dann gestrichen. Damit war die Entwicklung der Ju 88 als Bomber und Aufklärer abgeschlossen. Lediglich die Nachtjäger der C- und G-Serien wurden noch weiterentwickelt. Aus der Ju 88 B-0 sollten die E- und F-Serien folgen. Diese erhielten dann die Typenbezeichnung Ju 188.

Auf der Suche nach einer geeigneten Waffe zur Bekämpfung der sowjetischen Panzer, die vom Heer dringend verlangt wurde, kam man auf die Idee, eine Panzerabwehrkanone (die 7,5 cm Pak 40) in ein Flugzeug einzubauen. Zu diesem Zweck wurde im Junkers Zweigwerk Bernburg eine Ju 88 A-4 umgebaut. Die kleine Bodenwanne wurde durch eine große ersetzt, in die die Pak 40 eingebaut wurde. Man hatte durch Versuche vorher ermittelt, daß es möglich war, den Rückstoß der Kanone weitgehend durch besondere Mündungsbremsen zu kompensieren. Es sei gestattet, bei dieser Gelegenheit ein persönliches Erlebnis zu schildern, das die Geheimhaltung militärischer Geheimnisse in der Rüstungsindustrie klar herausstellt. Der Autor entdeckte zu dieser Zeit, Herbst 1942, in dem Lieferplan 21 Ü der Junkerswerke neue Ersatzteile, die für eine Ju 88 P-1 gefordert wurden. In der Junkers-Werft Leipzig kannte niemand diese Version. Ich fuhr also zum Stammwerk Dessau ins Konstruktionsbüro (Kobü) um nachzufragen, was das sei. Mir wurde bedeutet, daß dies eine Sache der höchsten Geheimhaltungsstufe sei. Aber, da ich es für meine Arbeit brauchte, zeigte man mir die provisorische Bedienungsvorschrift für die Ju 88 P-1. Dabei war auch ein Bild, das in Nahaufnahme den Waffeneinbau zeigte. Nach meiner Rückkehr vergingen etwa acht Tage, als ich die Schweizer Luftfahrt-Korrespondenz INTERAVIA in die Hände bekam, die auf beiden Seiten der Front von allen Dienststellen intensiv gelesen wurde. Auf der Titelseite prangte das Bild der Ju 88 P-1, die ich in Dessau gesehen hatte, in verkleinerter Ausführung. Ein Kommentar hierzu dürfte überflüssig sein.

Die Erprobung der Ju 88 P-0, die Hitler als neue Wunderwaffe vorgeführt wurde, erwies sich als Fehlschlag. Die Schießversuche hatten nur im Stand, wenn auch bei laufenden Motoren stattgefunden. Bei der Erprobung im Fluge zeigte es sich, daß der Abgasstrahl der Mündungsbremsen genau auf die Luftschraubenblätter schlug. Trotzdem wurden zehn Maschinen Ju 88 A-4 in Merseburg in P-1 umgebaut. Diese hatten bereits Glattblechkanzeln wie die C-Serie, während die P-0 noch die normale A-4-Kanzel gehabt hatte. Trotz geänderter Mündungsbremse war es nicht möglich, die Maschinen einsatzreif zu machen, wenn auch vereinzelt Probeeinsätze an der Front geflogen wurden. Von einem regulären Einsatz konnte keine Rede sein. Erst Anfang 1944 kam man auf die Ju 88 P im Zusammenhang mit der Suche nach schweren Waffen gegen die britischen Nachtbomber wieder zurück.

Oben: Erste Versuchsausführung der Ju 88 P, Umbau aus A-4. Unten: Die erste Ju 88 P-0 anläßlich einer Vorführung neuer Waffen vor Hitler und der militärischen Führung. ▶

Endgültige Ausführung der Ju 88 P-1.

Ju 88 P-2 mit zwei 3,7 cm Flak 18 als Pak, von der zehn Stück in Merseburg aus A-4 umgebaut wurden. Im Hintergrund eine Ju 290 A-5.

Die Rückansicht der Ju 88 P-2 läßt klar erkennen, daß es sich um einen Umbau aus A-4 handelt.

Der Nachtjägerengpaß führte zu Notlösungen. Hier Umbau einer Ju 88 P-2 zum Nachtjäger mit 2 MK 103 (3 cm) in der Bodenwanne und FuG 212 »Lichtenstein C 1«. Erwies sich als zu schwerfällig.

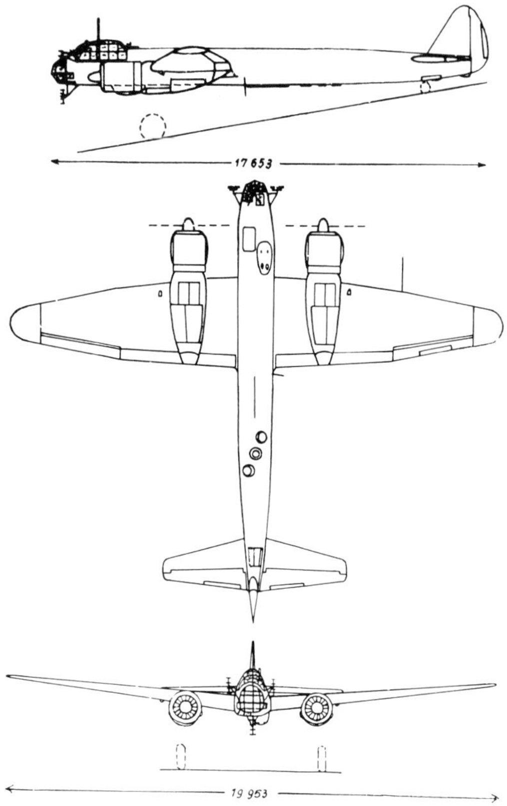

Ju 88 H-1

Etwas ganz anderes waren die Ju 88 H-1 und H-2. Für den Kampf über dem Nordatlantik wurden Langstreckenaufklärer und Langstrekkenbegleitjäger gebraucht. Die Ju 88 H-1 wurde die erste, die H-2 die zweite dieser Ausführungen. Von der Ju 88 H-2 wurde allerdings nur eine einzelne Versuchsmaschine gebaut. Die H-Versionen wurden ebenfalls in Merseburg aus vorhandenen Ju 88 D-1 beziehungsweise C-4 umgebaut, indem man den Rumpf vor der Tragflächenvorderkante und hinter der Tragflächenhinterkante durchschnitt und entsprechende Rumpfteile einfügte, so daß der Rumpf eine Gesamtlänge von 17,65 m hatte. Der gewonnene Raum wurde zur Unterbringung zusätzlicher Treibstoffbehälter benutzt, die die Reichweite auf 5150 km erhöhten. Da die Ju 88 H kein Bugradfahrwerk hatte, waren die Maschinen nicht ganz einfach zu starten und zu landen. Als Triebwerk diente bei beiden der BMW 801 D-2. Die Ju 88 H-1 hatte eine Besatzung von drei Mann und eine Abwehrbewaffnung von insgesamt vier MG 81. Die Fotoausrüstung bestand aus drei Rb-Geräten. Neben der normalen Funkausrüstung verfügte die H-1 über ein Schiffsortungsgerät FuG 200 Hohentwiel. Die Maschinen haben sich über dem Atlantik recht gut bewährt. Die H-2 entsprach weitgehend der H-1; nur bestand die Bewaffnung aus 2 starren MG 151/20 in der Glattblechrumpfnase und vier weiteren in einer Waffenwanne unter dem Rumpf. Für die rückwärtige Verteidigung stand ein MG 131 im B-Stand zur Verfügung. Der Serienbau unterblieb wahrscheinlich wegen der ungenügen-

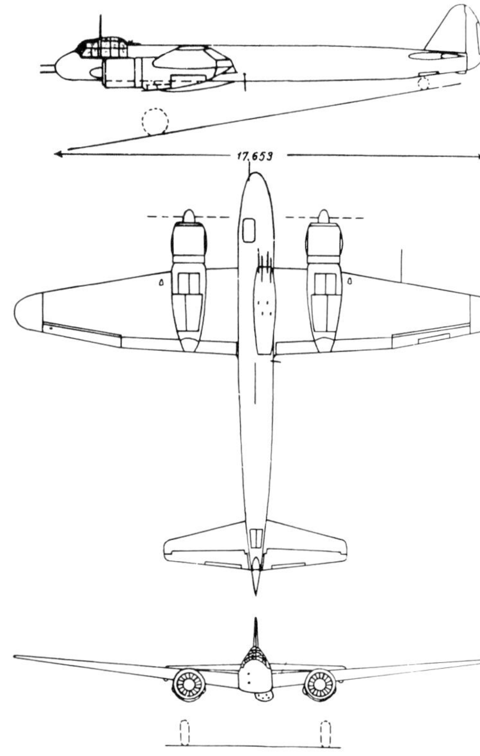

Ju 88 H-2

den Manövrierbarkeit der Maschine, die durch den im Verhältnis zur Spannweite (19,95 m) zu langen Rumpf bedingt war.
Bereits 1942 kamen Klagen von den Nachtjagdverbänden über ungenügende Leistungen der Ju 88 C-Flugzeuge. Man arbeitete in Dessau zwar bereits an einem neuen Nachtjäger der G-Serie, aber das dauerte zu lange. Als Zwischenlösung entstand deshalb die Ju 88 R. Die Ju 88 R-1 entsprach weitgehend der Ju 88 C-6, hatte aber als Triebwerk den BMW 801 MA. Als Ortungsgerät war das FuG 212 Lichtenstein C.1 eingebaut. Die ersten Maschinen kamen Mitte 1943 zum Nachtjagdgeschwader 1. Die Ju 88 R-2 stellte eine Verbesserung dar und hatte als Triebwerk den BMW 801 D-2, mit dem eine Höchstgeschwindigkeit von 580 km/h erreicht wurde. Für die Ortung standen sowohl FuG 202 als auch FuG 212 zur Verfügung. Die Ju 88 R hatte fliegerisch einige Mucken, da das Leitwerk für die stärkeren Triebwerke zu klein war. Die vergrößerten Leitwerke der Ju 188, die dann später bei den G-Serien eingebaut wurden, standen aber noch nicht zur Verfügung.
Ein großer Teil der Ersatzteilfertigung für die Ju 88 und 188 war an das von Junkers betreuten Werk in Clichy (Frankreich) und an Letov in Olmütz vergeben worden. Wenn man den Hauptausschuß F 1 in Dessau darauf hinwies, daß von dort so gut wie keine Lieferungen erfolgten – denn Tschechen und Franzosen sabotierten, wo sie konnten, und sei es nur durch langsames Arbeiten – dann zuckte man die Achseln: Man hatte keine anderen Fertigungsstellen mehr. Wie auf der anderen Seite von den Firmen in der Heimat gearbeitet wurde, sei an einem Beispiel erläutert: Es wurde davon berichtet, daß die Ju 88 und Ju 188 Lastenträger unter den Tragflächen hatten. Im Jahre 1943 stellte der Verfasser fest, daß die vorhandenen Lagerbestände

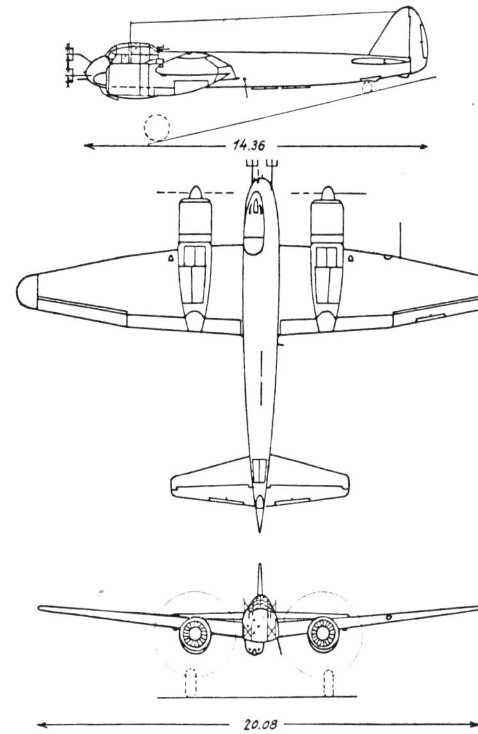

Ju 88 R-1, R-2

an diesen Trägern für die noch vorhandenen Maschinen völlig ausreichten. Es liefen aber noch bei der Firma Opel Bestellungen für einige Hundert. Die Junkers-Werften in Breslau und Leipzig reparierten diese Träger laufend jeden Monat, um Arbeit zu haben. Als der Autor sofort alle Aufträge stornierte, erhob sich ein Sturm der Entrüstung. Es war unmöglich, die Produktion und die Reparatur sofort zu stoppen. Der Enderfolg war, daß Anfang 1944 etwa 3000 dieser Lastenträger im Herstellungswert von rund RM 10 000 pro Stück verschrottet wurden. Und das alles bei dem jedermann täglich erkennbaren Rohstoffmangel. Dies ist aber nur ein Fall, den der Autor noch heute wegen seiner Prägnanz im Gedächtnis hat. Beanstandungen irgendwelcher Art waren sinnlos. Sie wurden totgeschwiegen.

Die Besatzung dieser Ju 88 R-2 setzte sich am 9. 5. 1943 mit ihrer Maschine nach England ab und landete in Dyce bei Aberdeen. Sie gehörte zur 3./NJG 3. Kennzeichen D5+EV. Die Antennen des FuG 212 sind bereits abgenommen. Unten: Dieselbe Maschine mit englischen Kennzeichen während der Flugerprobung bei der Royal Air Force.

Ju 88 R-2 mit Antennen des FuG 220.

Ju 88 R-2 in London am »Battle of Britain-Day« ausgestellt. Es ist vermutlich die Maschine von der 10./NJG 3.

Inzwischen war die Ju 88 G-0 fertig geworden. Es darf als bekannt vorausgesetzt werden, daß Staatssekretär Milch diese Maschine unter allen Umständen als den neuen Nachtjäger durchsetzen wollte, obwohl General Kammhuber, der Chef der Nachtjäger, die Heinkel He 219 haben wollte. Beim Vergleichsfliegen, das auf Anordnung von Milch am 25. 3. 1943 stattfand, flog Major Streib die He 219 und Oberst Loßberg die Ju 88 G-0. Die Überlegenheit der He 219 war eindeutig. Trotzdem wurde die Fertigung der He 219 durch Milch systematisch verzögert. Sie ist nie wirklich in Serie gebaut worden, obwohl sie das einzige Flugzeug war, mit dem man die englischen »Mosquito« jagen konnte.

Die Ju 88 G ging in die Serienfertigung. Die erste Serie G-1 entsprach weitgehend dem Prototyp Ju 88 G-0. Sie hatte eine Besatzung von drei Mann. Die bei Ju 88 C und R noch vorhandene Bodenwanne war verschwunden. Statt dessen hatte sie eine flache Bodenwanne mit vier starr nach vorn feuernden MG 151/20, im Rumpfbug hatte sie zwei weitere starr nach vorn feuernde MG 151/20. Zur rückwärtigen Verteidigung befand sich ein MG 131 im B-Stand. Der Rumpf entsprach sonst weitgehend der Ju 88 C, bzw. Ju 88 R. Die Flächen entsprachen der Serie A-4. Als Triebwerk dienten zwei BMW 801 D von je 1600 PS. Wegen der stärkeren Motoren war die Verwendung des Ju 188-Leitwerks notwendig. Die Funkausrüstung bestand aus dem FuG 220 Lichtenstein SN 2. Ju 88 G-2 und Ju 88 G-3 wurden nicht gebaut. Es folgte die Ju 88 G-4, von der nur eine kleine Serie aufgelegt wurde. Sie unterschied sich von der G-1 einzig durch die verbesserte Funkausrüstung. Zusätzlich zum FuG 220 erhielt dieser Typ das FuG 227 Flensburg. Die Serie G-1 lief bereits Ende 1943 an. 1944 folgte dann die Ju 88 G-6, nachdem die Ju 88 G-5 fallengelassen worden war. Nach den dem Verfasser seinerzeit vorgelegenen Unterlagen war die gesamte Serie G-6 mit dem neuen Jumo 213 A von 1750 PS ausgerüstet. Die ersten Maschinen entsprachen bis auf diese Triebwerksänderung der Ju 88 G-4. Die sogenannte »Schräge Musik«, zwei schräg nach oben vorwärts feuernde MG 151/20, konnten als Rüstsatz eingebaut werden. Die letzten Maschinen der Serie G-6 wurden noch mit FuG 228 und Morgenstern-Antenne ausgerüstet. Alle G-6 hatten FuG 16 ZY und FuG 101a. Eine G-6 war nach dem Kriege in England ausgestellt, ist aber leider meistens irrtümlich als Ju 88 G-7c bezeichnet worden. Von der Serie G-7 sind aber nur einzelne Maschinen noch fertiggestellt worden.

Die G-7 hatte den verbesserten Jumo 213 E-1, ihr Hauptunterschied zur G-6 war aber die Ju 188-Tragfläche, wodurch die Gipfelhöhe verbessert wurde, während die ersten Ju 88 G-7 noch FuG 220, FuG 16 ZY und FuG 101 hatten, wurden bei den letzten Maschinen das FuG 220 durch FuG 228 Lichtenstein SN 3 ersetzt. Die normale G-7 hatte ein Startgewicht von 13 t, während die letzten Maschinen 13,6 t hatten. Die Höchstgeschwindigkeit der G-7 schwankte zwischen 640 und 650 km/h. Ganz zuletzt kamen noch einige G-7 mit FuG 240/1 Berlin N 1 und FuG 217 R heraus.

Oben: Ju 88 V-58, Musterflugzeug für die G-Serie vor dem Erstflug. – Das Bild links unten läßt klar die Bodenwanne mit den vier MG 151/20 erkennen. – Rechts unten: Bereits die Ju 88 V-58 wurde sofort mit FuG 220 ausgerüstet. ▶

Ju 88 V-58, GI+BW, kurz nach dem Herausrollen aus der Montagehalle im Juni 1943.

Links: Oberstleutnant H. J. Jabs, März 1944 bis Kriegsende Kommodore des NJG 1. Viele seiner 50 Luftsiege wurden auf Ju 88 C und G geflogen. – Rechts: Die beiden erfolgreichsten deutschen Nachtjäger: Ganz links Oberst Lent, NJG 1, 2 und 3, 110 Abschüsse, † 7. 10. 1944. Neben ihm Major Heinz Schnaufer, NJG 1 und 4, 121 Abschüsse, † 15. 7. 1950. Vor ihnen Funker und Orter Schnaufers.

Eine Besatzung der 7./NJG 2 setzte sich am 13. 7. 1944 nach England ab und landete mit ihrer Ju 88 G-1 W. Nr. 712273 in Woodbridge (Essex).

Dieselbe Maschine mit englischen Abzeichen während der Flugerprobung durch die Royal Air Force.

Der Einflieger dieser Ju 88 G-1, CI+LN, rammte beim Ausrollen eine dort stehende G-1 und baute einen Kopfstand. Der Zusammenstoß war so heftig, daß der anderen G-1 der Flügel angebrochen und das Querruder hochgerissen wurde.

Ju 88 G-1, Erprobung in England.

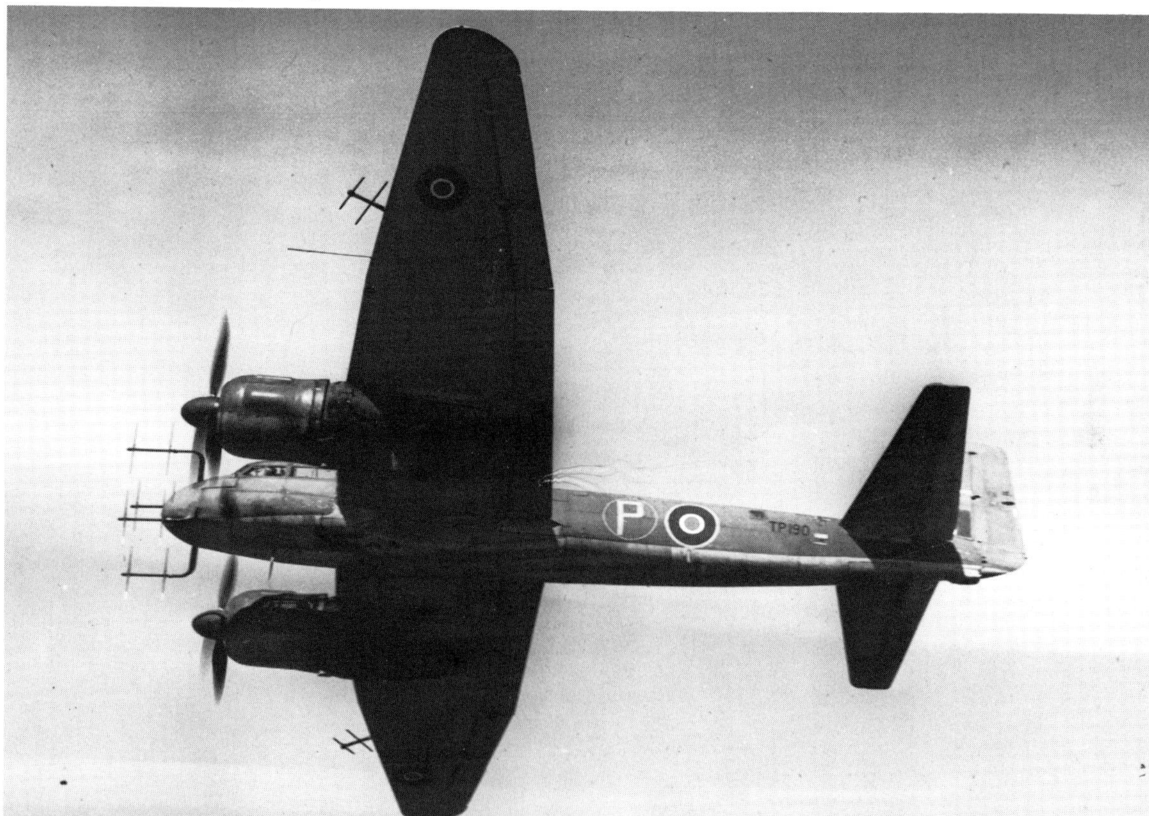

Werkfoto einer Ju 88 G-6 mit eingezeichneter Beschreibung. Darunter eine Ju 88 G-6 vom Stabe der I./NJG 100 in Ostpreußen im Herbst 1944. Auffallend ist der schwarze Anstrich der Unterseite des gesamten Flugzeugs.

Ju 88 G-6 des Kommandeurs der II./NJG 5 mit »Morgenstern« – Antenne des FuG 220.

Diese früher zum Stabe des NJG 4 gehörende Ju 88 G-6 war nach dem Kriege in London an einem »Battle of Britain-Day« ausgestellt. Die Maschine, deren Kennzeichen 3C+BB noch festzustellen waren, war mit dem nur in wenigen Exemplaren noch eingebauten FuG 240 »Berlin« ausgerüstet.

Ju 88 G-6 der 7./NJG 5 mit FuG 218 »Neptun« und ETC-Lastenträgern unter den Tragflächen für Nachtbombenflüge.

Mitte und unten: Ju 88 G-6 1945 in Wunstorf. Mitte: Maschine mit »Schräger Musik«.

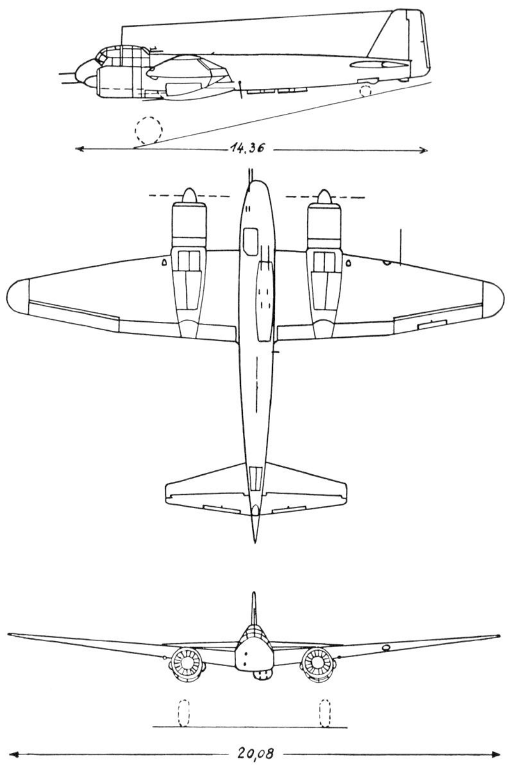

Ju88 G-1

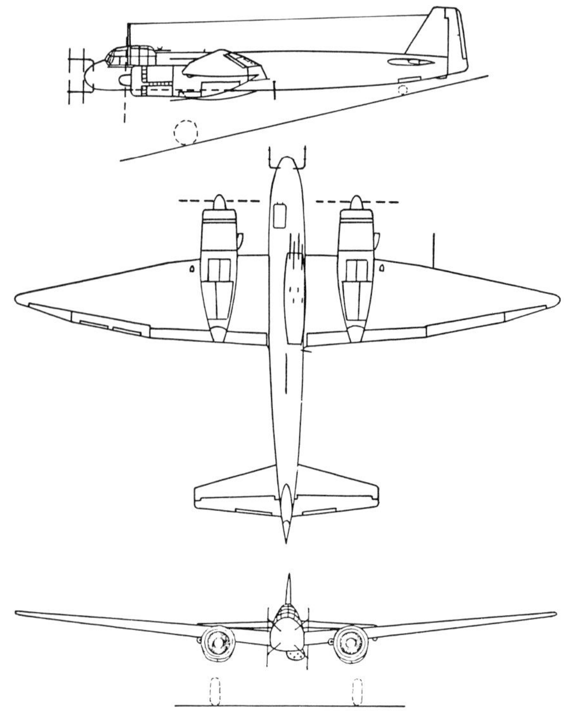

Ju88 G-7

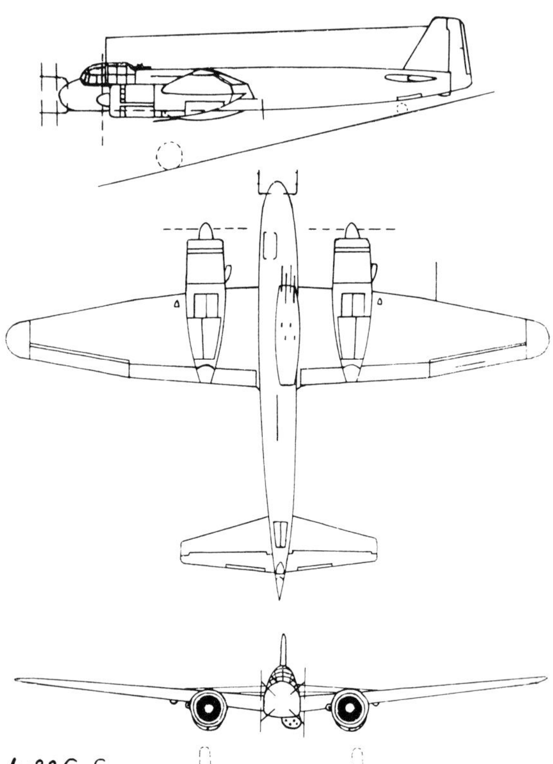

Ju88 G-6

Die Ju 88 G war ein braves Arbeitspferd und hat unter der Führung fähiger Piloten gute Leistungen erzielt. Eine überragende Maschine wie die He 219 war sie nicht. Meines Wissens sind nur mit Ju 88 G-6 vier »Mosquitos« abgeschossen worden, deren Geschwindigkeit sie nicht gewachsen war. Die Ju 88 G aller Baureihen sind bis zum bitteren Ende bei allen Nachtjagdgeschwadern im Einsatz gewesen, von den übrigen Baureihen nur noch S und T. Ju 88 H und G-1 sind außerdem noch für das sogenannte »Mistel«-Programm verwendet worden. Hierüber wird gesondert berichtet werden.

2. Teil

Ju 188

Die Behelfslösung

Die Ju 188 wäre wahrscheinlich nie gebaut worden, wenn die Ju 288 zum Tragen gekommen wäre. Sie war also im Grunde genommen, eine Notlösung. Man griff auf die Ju 88 zurück, in diesem Fall auf die nie in Serie gebaute Ju 88 B, und änderte solange, bis man die Ju 188 hatte. Tatsächlich war die 188 als Ju 88 E bzw. F vorgesehen. Da man aber ein neues Flugzeug vorweisen wollte, nannte man sie Ju 188 E bzw. F. Ausgangsmuster der Ju 88 E und F waren die Ju 88 V27, D-AWLN, und V30/1. Beide hatten aber noch das Ju 88-Leitwerk und deren Tragflächen. Erst 1941 entstand dann in der Ju 88 V44, NF + KQ, die endgültige Form der Ju 188, die dann auch als Ju 188 V1 bezeichnet wurde. Ihr folgte die Ju 188 V2 (W-Nr. 260 151). Beide hatten bereits das für die Ju 188 charakteristische vergrößerte Leitwerk und die auf 22 m vergrößerte Spannweite der Tragflächen. Da der für die Ju 188 vorgesehene Jumo 213 noch nicht zur Verfügung stand, flog die Ju 88 V44 noch mit Jumo 211 J. Später wurden Ju 188 V1 und Ju 188 V2 mit BMW 801 D-2 ausgerüstet. Da die Erprobung mit diesem Triebwerk erfolgversprechend war, entschloß man sich, den Serienbau mit BMW 801 zu beginnen.

Hierbei lief Fertigung der Ju 188 E (eigentlich Ju 88 E) als Bomber mit Sturzflugbremsen parallel mit der Ju 188 F, einem Fernerkunder ohne Sturzflugbremsen und Bombengehänge. Von der Vorserie Ju 188 E-0, die im Frühjahr 1942 anlief, wurden bereits einige Maschinen als Fernerkunder F-0 gebaut. Die Truppenerprobung verlief zufriedenstellend. So wurde die Fertigung beider Baureihen in den Junkers-Werken Aschersleben, Halberstadt, Staßfurt-Leopoldshall und Bernburg anschließend sofort aufgenommen. Bis Ende 1942 wurden 165 fertiggestellt, z.T. als E-1 mit BMW 801 ML, später mit BMW 801 D-2. Der Fernerkunder Ju 188 F-1 wurde ab Januar 1943 gebaut. Von der Ju 188 F-1 sind aber nur 105 Stück gebaut worden, da sie die Leistungen der Ju 88 T-1 nicht erreichte. Außerdem mußten ja die viel gebauten Ju 88 D-5 aufgebraucht werden.

Ju 188 E bzw. Ju 188 F waren bei der Truppe beliebt. Dies war zum Teil darauf zurückzuführen, daß der Besatzungsraum bedeutend geräumiger war als der der Ju 88 A bzw. Ju 88 D. Dazu verfügte die Ju 188 über eine gute Abwehrbewaffnung: Vorn in der Kanzel befand sich ein MG 151/20, das nicht nur zur Abwehr, sondern auch zum Angriff auf Schiffsziele verwendet werden konnte. Auf dem Besatzungsraum oben befand sich der B-1-Stand mit einem DL 131 (Drehturm mit MG 131), dahinter etwas tiefer der B-2-Stand mit einem weiteren DL 131. Für die Abwehr nach hinten unten (C-Stand) stand in der Bodenwanne ein MG 81 Z zur Verfügung. Für Mittelstreckeneinsätze konnte die Ju 188 E eine Bombenlast von 3000 kg tragen. Obwohl man seitens des RLM immer noch der Stuka-Idee huldigte und die Ju 188 E mit Sturzflugbremsen ausgestattet hatte, führte die Truppe selbst keine Sturzangriffe mehr durch. In den Frontwerften wurden die Sturzflugbremsen ausgebaut und dadurch die Geschwindigkeit geringfügig erhöht. Bei den Fernerkundern der F-Serie fiel das MG 151/20 im Bug fort. Bei manchen Ju 188 F baute man auch den B-1-Stand aus und deckte den Raum mit einer Platte ab, was ebenfalls Geschwindigkeitsgewinn brachte. Als dann 1943 der Jumo 213 A-1 (der 150 PS mehr leistete als der BMW 801) verfügbar wurde, kam dann endlich die wirkliche Ju 188 A in den Serienbau, bei denselben Werken, in denen die E/F-Serie gebaut wurde und bei der Firma ATG in Leipzig-Mockau und nicht, wie irrtümlich in manchen

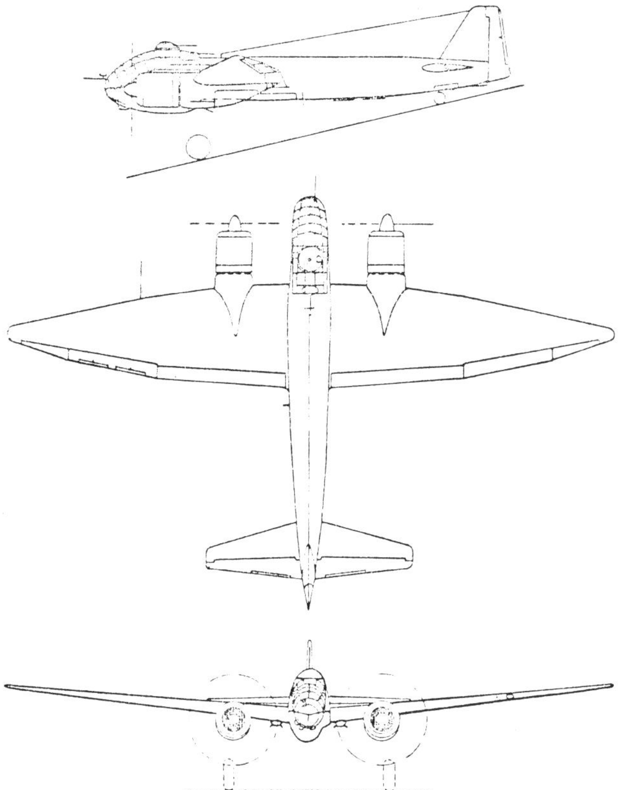

Ju 188 E-1

Quellen angegeben wird, bei der Junkers Werft Leipzig-Mockau. Diese Werft war ein reiner Reparaturbetrieb. Die ATG baute, wie auch später der Junkers-Konzern, hauptsächlich die Ju 188 A-2 ab Sommer 1943. Bis Ende des Jahres wurden noch 301 Ju 188 E und hauptsächlich Ju 188 A gebaut. Auch von der Jumo 213-Version wurden Fernerkunder gebaut, die die Bezeichnung Ju 188 D trugen. Von der Ju 188 A wurde auch eine Torpedo-Bomber-Version A-3 in kleiner Stückzahl gebaut. Diese Maschinen wurden hauptsächlich im Mittelmeerraum eingesetzt. Neben den normalen Torpedos wurde auch die Verwendung der von Blohm & Voss entwickelten Torpedogleiter L 10 und L 11 von der Erprobungsstelle Gotenhafen getestet, nachdem sich die Ju 88 A-4 für diesen Zweck als ungeeignet erwiesen hatte. Zu einem Fronteinsatz ist diese Waffe nicht mehr gekommen.

Die Ju 188 A-3 arbeitete sehr oft mit den Aufklärern Ju 188 D-1 und Ju 188 D-2 zusammen, die ebenfalls mit dem Jumo 213 ausgerüstet waren. Neben den Reihenbildgeräten im Rumpf verfügten die Ju 188 D über das FuG 200 »Hohentwiel«, das speziell für die Schiffs-Funkortung entwickelt und zuerst bei der Focke-Wulf Fw 200 C eingesetzt worden war.

Wenn auch die Ju 188 von der Truppe im allgemeinen positiv beurteilt wurde, was sich auch auf die Abwehrbewaffnung bezog, so stellte sich doch heraus, daß das große Seitenleitwerk einen ziemlich großen toten Winkel im rückwärtigen Bereich verursachte. Junkers entwickelte daraufhin die Ju 188 C, von der aber nur wenige Versuchsmaschinen gebaut wurden. Diese Ausführung unterschied sich von den vorhergegangenen Baumustern durch einen ferngesteuerten Heckstand, was eine Umkonstruktion des Heckleitwerks nötig machte. Dieses neue Heck wurde dann später bei der Ju 388 verwendet. Der ferngesteuerte Heckstand der Ju 188 C befriedigte aber keinesfalls, und so versuchte man das Heck so weit zu vergrößern, daß dort ein Heckstand mit Schütze untergebracht werden konnte. Dieser fiel dann aber so klein aus, daß nur schmächtige Soldaten hineinpaßten. Die Truppe lehnte diese »Lösung« aber ab, da man niemand das stundenlang zusammengekauerte Sitzen in diesem Heckstand zumuten könne. Diese letztere Version wurde als Ju 188 G bezeichnet. Es ist aber nur eine einzige Versuchsmaschine gebaut worden.

Ju 88 V27, das erste Musterflugzeug für die Ju 88 B, E und Ju 188-Entwicklung in der Endmontage in Dessau. Interessant ist die Tatsache, daß dieses Kampfflugzeug die zivile Kennzeichnung D-AWLN trägt.

Ju 88 V30/1 war im B-Stand mit einer ferngelenkten Dreh-Lafette FDL 131 ausgerüstet.

Ju 88 V27 hatte als B 1-Stand einen Drehturm DL 131 und im B 2-Stand ein zweites MG 131.

Dieses Bild macht die merkliche Vergrößerung der Kabine der Ju 188 gegenüber der Ju 88 deutlich.

An der Attrappe der Ju 188 wurde bereits der Anbau für die Antennen eines FuG 200 »Hohentwiel« versucht.

Ju 88 V44, die erste wirkliche Ju 188, wurde zuerst mit Jumo 211 J-1 getestet, erhielt aber bald BMW 801 D-2. Das Flugzeug, NF+KQ, oben mit BMW 801, unten mit Jumo 211.

Ju 188 V1 (ex Ju 88 V44), NF+KQ, während der Flugerprobung. Der Versuchsheckstand ist noch nicht eingebaut.

Die erste Ju 188-Serienmaschine, W. Nr. 10001, erlitt beim Einflug einen Fahrwerksschaden, konnte aber repariert werden.

Das Reiseflugzeug des Generalfeldmarschalls Milch.

Die Kennzeichen ST+GL der Ju 188 E-1 des Generalfeldmarschalls Milch kennzeichnen seine Dienststellung »Staatssekretär Luftfahrt« und »Generalluftzeugmeister.«

Fernerkunder Ju 188 F-1 mit zwei Zusatzbehältern mit je 300 Liter Fassungsvermögen.

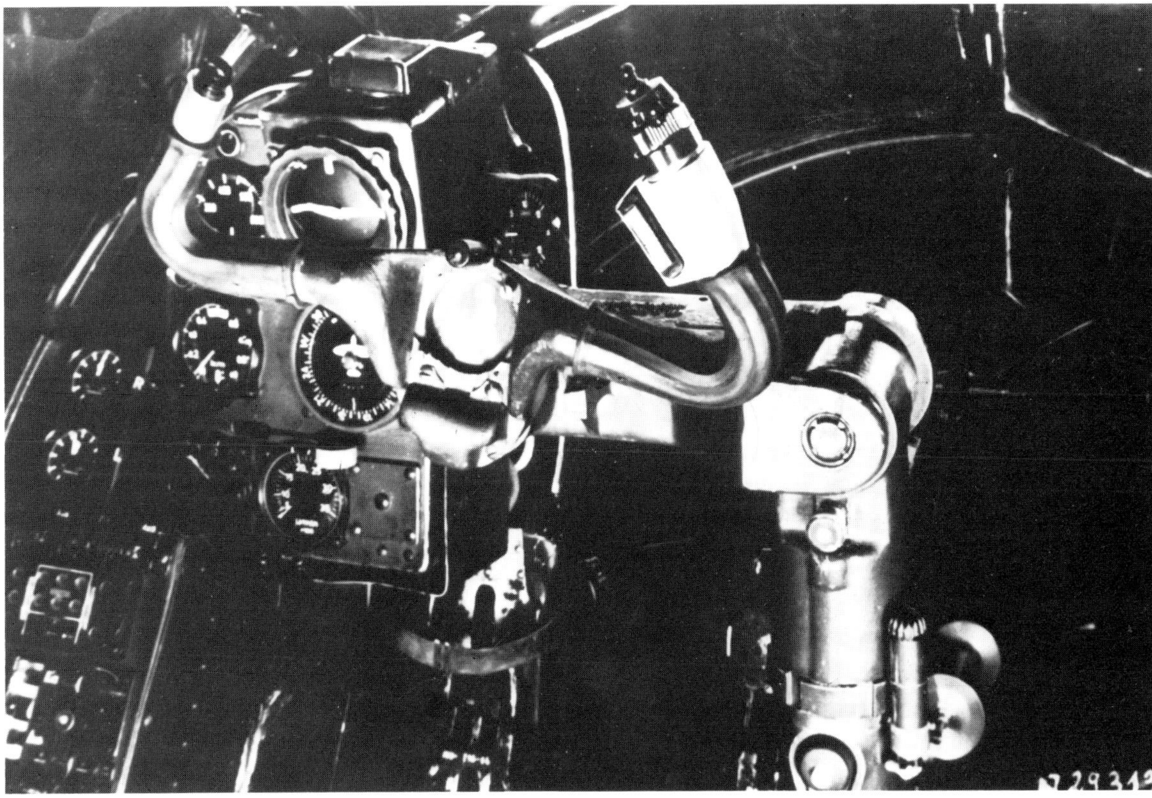

Blick vom Führersitz auf Instrumentenbrett und Steuersäule. Darunter Blick vom Beobachtersitz auf Bugwaffe mit Leerhülsenschlauch.

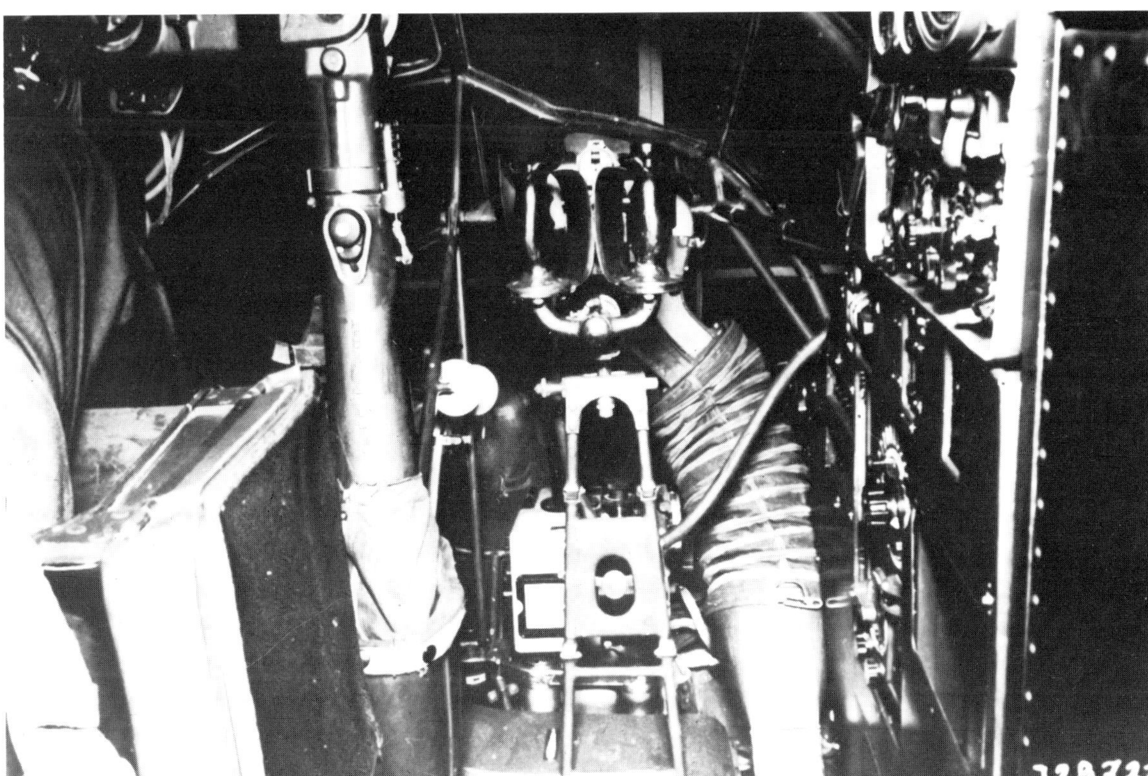

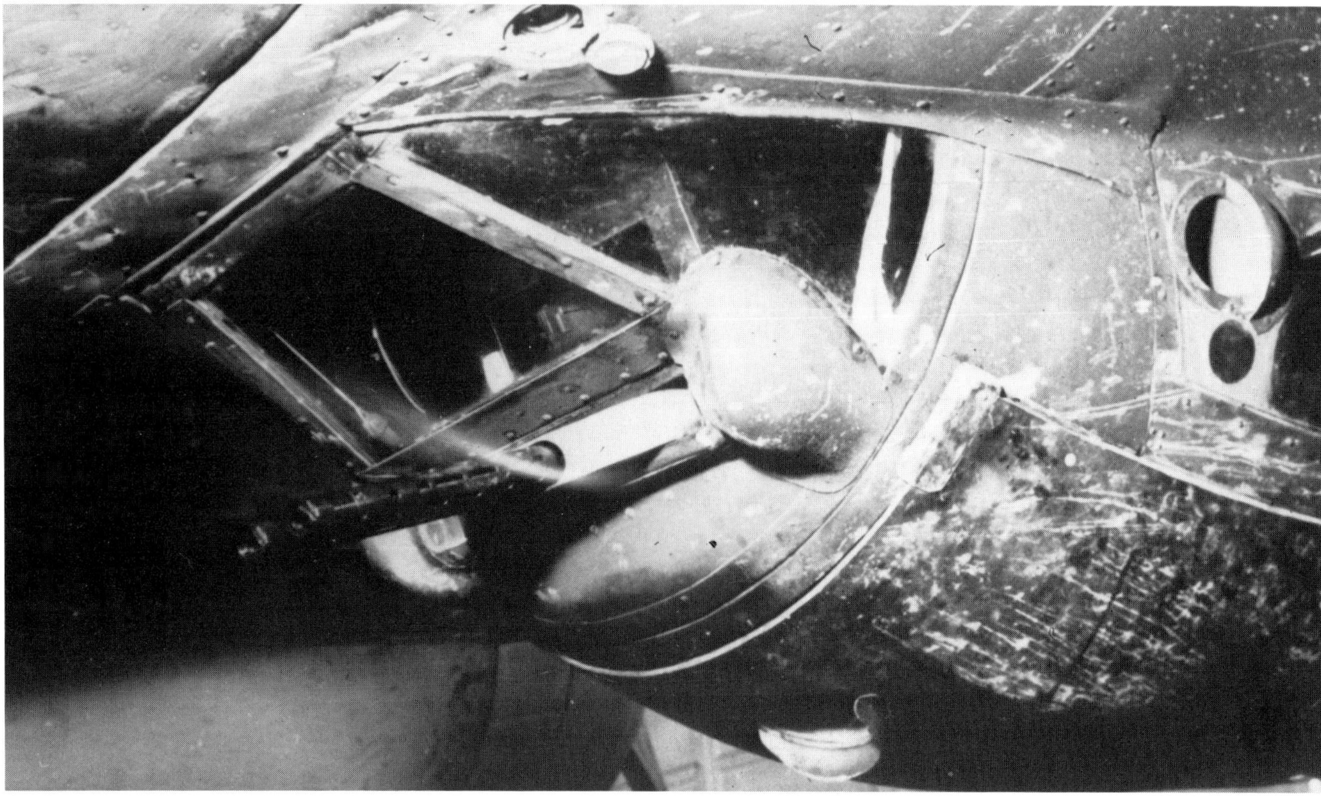

Ju 188 A-2 C-Stand mit MG 81 Z. Darunter eine Ju 188 mit verstärkter Bewaffnung: B 1 = DL 151, B 2 = MG 131.

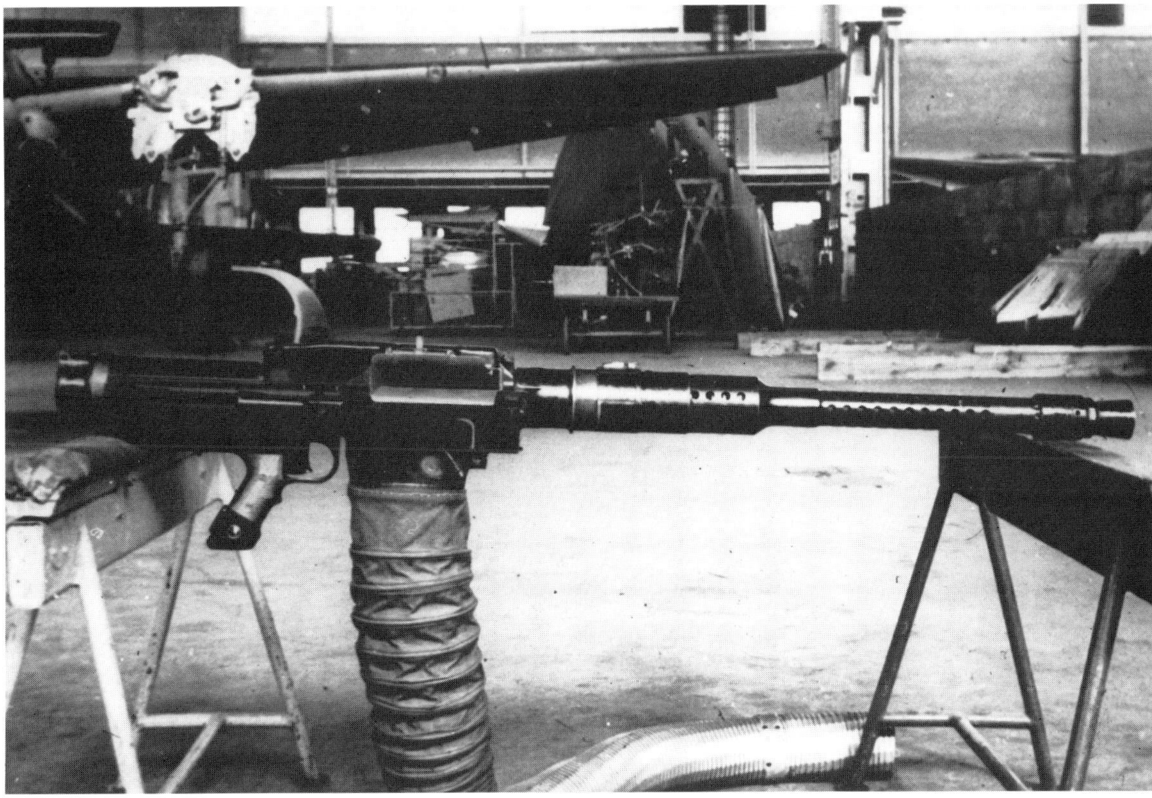

Bordwaffen der Ju 88/188: oben MG 131 (12,7 mm) darunter MG 151/20 (20 mm). Hersteller MG 131 Rheinmetall, MG 151/20 Mauser.

Jumo 213-Fertigung in der Tschechoslowakei.

Versuchsheckstand mit zwei MG 131 für Ju 188 C-0.

Ju 188 A-2 beim Kampfgeschwader 66. Auf dem unteren Bild wird die Maschine nach der Beladung zum Start gezogen.

Ju 188 A-2 mit eigenartigem Tarnanstrich: Oben Schwarzgrün kleines Balkenkreuz, weißes Hakenkreuz.

Ju 188 A-2 1945 von Engländern in Westdeutschland erbeutet.

Ju 188 A-2 auf der Kriegsbeute-Ausstellung in Farnborough 1946.

Ju 188 A-3 mit zwei L 10 »Friedensengel«. Die Antennen des FuG 200 »Hohentwiel« am Bug sind gut zu erkennen.

Links: Transportwagen mit L 10 auf dem LT 950, dahinter Ju 188 A-3. – Rechts: Aufhängung eines LT 950-Torpedos unter einer Ju 188 A-3.

Attrappe des geplanten, aber nicht gebauten Nachtjägers Ju 188 R. Unten: Anbau der Antennen für FuG 202 »Lichtenstein BC/S«. Rechts: Bug-Waffen: 1 + 3 MG 151/20.

Man versuchte dann, die Ju 188 auch als Nachtjäger zu verwenden. Drei normale Ju 188 A-2 wurden zur Version Ju 188 R-0 umgebaut und mit »Lichtenstein SN 2«-Funkortungsgeräten ausgerüstet. Eine Maschine soll sogar das FuG 220 erhalten haben. Über den Einsatz dieser Maschinen wurde nichts bekannt. Wahrscheinlich wurden sie zu Ju 388 J Höhen-Nachtjägern umgebaut. Analog zu Ju 88 S-1 und Ju 188 T-1 wurden dann auch noch Ju 188 S-1 und Ju 188 T-1 als Schnellbomber bzw. schnelle Aufklärer mit neuem Führerraum entwickelt. Ob diese Versuchsmaschinen noch fertiggestellt wurden, ist mehr als zweifelhaft. Obwohl die Ju 188 durchgehend eine positive Beurteilung erhielt, ist sie durch die Annullierung der zweimotorigen Jäger im Rahmen des

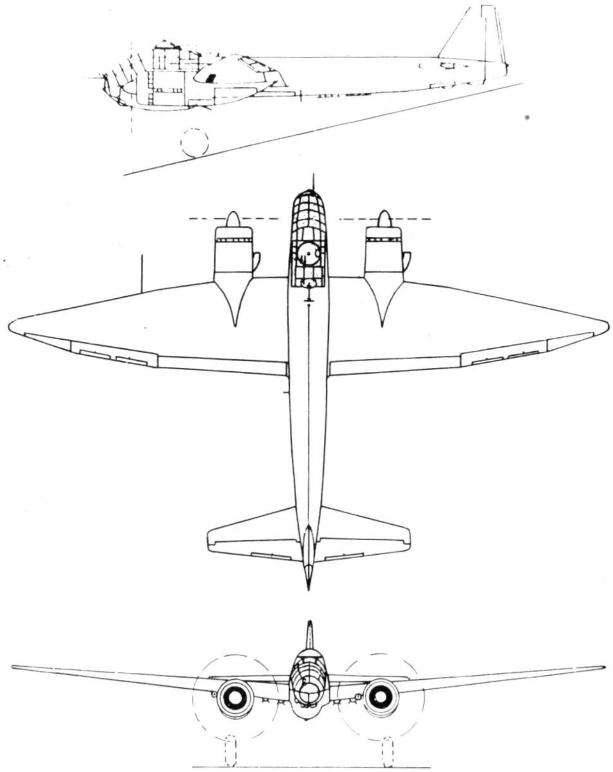

Ju 188 A-2

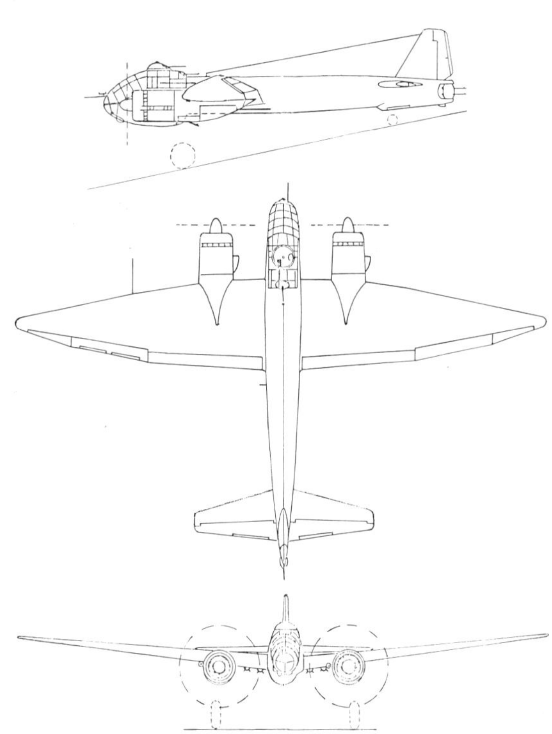

Ju 188 C-1

Jägernotprogramms nur in verhältnismäßig kleiner Stückzahl gebaut worden. Insgesamt wurden bis zum Auslaufen der Serie im Juni 1944 446 Ju 188 E und Ju 188 A, sowie 570 Ju 188 D und Ju 188 F gebaut. Einige der nach dem Waffenstillstand in Frankreich stehen gebliebenen Ju 188 wurden noch einige Jahre nach dem Krieg von der französischen Marine-Luftwaffe geflogen. Zumindest ein Exemplar befindet sich in zerlegtem Zustand in den Lagern der Royal Air Force in Farnborough.

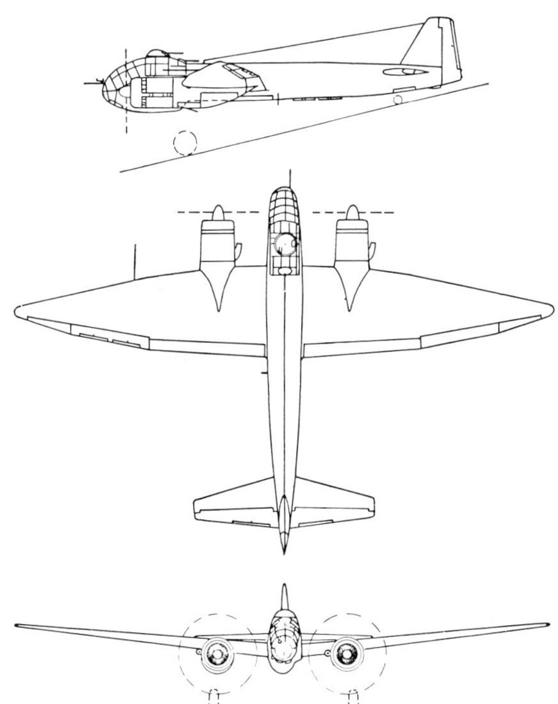

Ju 188 D-1

3. Teil

Ju 288

Der Bomber, der nie kam

Mitte 1939 erließ das Technische Amt des RLM eine Ausschreibung für den sogenannten »Bomber B«, der als Nachfolgemuster für Ju 88 A und He 111 gedacht war. Während man in England und USA sich auf die Entwicklung viermotoriger Bomber konzentrierte, wollte das RLM nicht von der zweimotorigen Ausführung abgehen. Hierbei hat der Gedanke der Brennstoffersparnis eine maßgebende Rolle gespielt. Wollte man aber einen zweimotorigen mittelschweren Bomber bauen, so brauchte man für diesen ein Triebwerk, das wesentlich stärker als die verfügbaren Jumo 211, DB 605 und BMW 801 war. Bei Daimler-Benz stand ein 24-Zylinder-Motor in X-Bauweise in Entwicklung, der 2500 PS liefern sollte, dessen Entwicklung aber aus verschiedenen Gründen aufgegeben wurde. Es stand also nur noch ein einziges Triebwerk in Aussicht, das zumindest 2000 PS hergab, aber noch auf 2500 PS zu steigern war. Dies war der Jumo 222, ein Vierfach-Sternmotor mit einstufigem Lader und einer vorläufigen Volldruckhöhe von 5000 m. An diesem Motor hing also das gesamte Bomber-B-Programm. An der Ausschreibung beteiligten sich: Arado, Dornier, Focke-Wulf und Junkers. Der Arado-Entwurf E 340 blieb im Zeichenbrettstadium stecken. Von der Do 317, einer Weiterentwicklung der Do 217, wurden nur zwei Versuchsmaschinen gebaut. Focke-Wulf erhielt einen Auftrag zum Bau von sechs Fw 191, von denen aber nur fünf mit BMW 801 flogen, die sechste erhielt einen Jumo 222, kam aber zu spät. Übrig blieb das Junkers-Projekt, das unter der Bezeichnung EF 73 bereits seit 1937 in Arbeit war. Im Mai 1939 hatte Junkers einen neuen Technischen Direktor erhalten. Dies war Prof. Dr. Heinrich Hertel, der dasselbe Amt bis dahin bei Heinkel bekleidet hatte. Hertel fand nun die Ausschreibung für den Bomber B vor und überarbeitete den Entwurf noch einmal gründlich. EF 73 war ein verhältnismäßig kleines und leichtes Flugzeug von 15,70 m Spannweite und 16,10 m Länge. Als Triebwerk war entweder der Jumo 222 oder der Zweitakt-Dieselmotor Jumo 223 vorgesehen. Beide Triebwerke sollten 2000 PS entwickeln. Man hoffte mit dem Dieselmotor aber eine größere Reichweite zu erzielen. Die Schwierigkeiten beim Jumo 223 stellten sich aber als so schwerwiegend heraus, daß die Entwicklung eingestellt wurde. Es blieb also nur der Jumo 222. Eigenschaften und errechnete Leistungen des neuen Bombers, der in der GL/C-Liste als Ju 288 eingetragen wurde, waren nach dem RLM vorgelegten Entwurf hervorragend. Junkers wollte den Erstflug der Ju 288 V1 bereits im Oktober 1940 durchführen. Aber das Technische Amt hielt diesen Termin für zu früh und verlangte außerdem verschiedene Änderungen am Entwurf. Ende November 1939 fand die Besichtigung der Attrappe der Ju 288 durch Mitglieder des Technischen Amtes statt. Nach der Besichtigung gab GL/C (Technisches Amt) Zustimmung für den Beginn der Vorkonstruktion und den Bau einer kompletten Rumpfattrappe mit sämtlichen Einbauten. Bereits im Mai 1940 konnte GL/C diese besichtigen. Jetzt wurde Auftrag zur Herstellung von drei Musterflugzeugen erteilt. Prof. Hertel war aber dieser Entwicklung bereits vorausgeeilt. Schon Anfang Dezember 1939 hatte er Auftrag erteilt, mit der Teilefertigung für die Ju 288 V1 zu beginnen. Um aber schon vorher fliegerische Erfahrungen zu sammeln, wurden die Ju 88 V2 (D-AREN) und die alte Rekordmaschine Ju 88 V5 (D-ATYU) umgebaut. Beide Maschinen erhielten Rumpfvorderteile, die der Ju 288 weitgehend ähnelten, ein Doppelleitwerk und an den Motoren sogenannte Tunnel-Propeller-Naben, durch

Hertel war als Chef der Technischen Entwicklung bei Junkers für die ganze Entwicklung Ju 88-488 verantwortlich. Aber nur die Ju 288 war sein eigener Entwurf. – Unten: Modell der Ju 288.

Kabinenattrappe der Ju 288 A. Darunter Attrappe der Kabine. Flächenanschluß und Triebwerkseinbau.

Kabinenattrappe Ju 288 A, innen, Führersitzanordnung.

Kabinenattrappe Ju 288 A innen, Blick nach hinten, Panzerung zur Seite geklappt. Sitz des MG-Schützen mit Steuerung für ferngelenkte Waffen.

Oben: Führerraumattrappe Ju 288 A. Links Führersitz mit Steuerung, rechts Beobachtersitz, ganz vorn unten Bombenzielgerät. ▶
Unten: Bombenzielgerät der Ju 288 A. Links in Ruhestellung, rechts einsatzbereit.

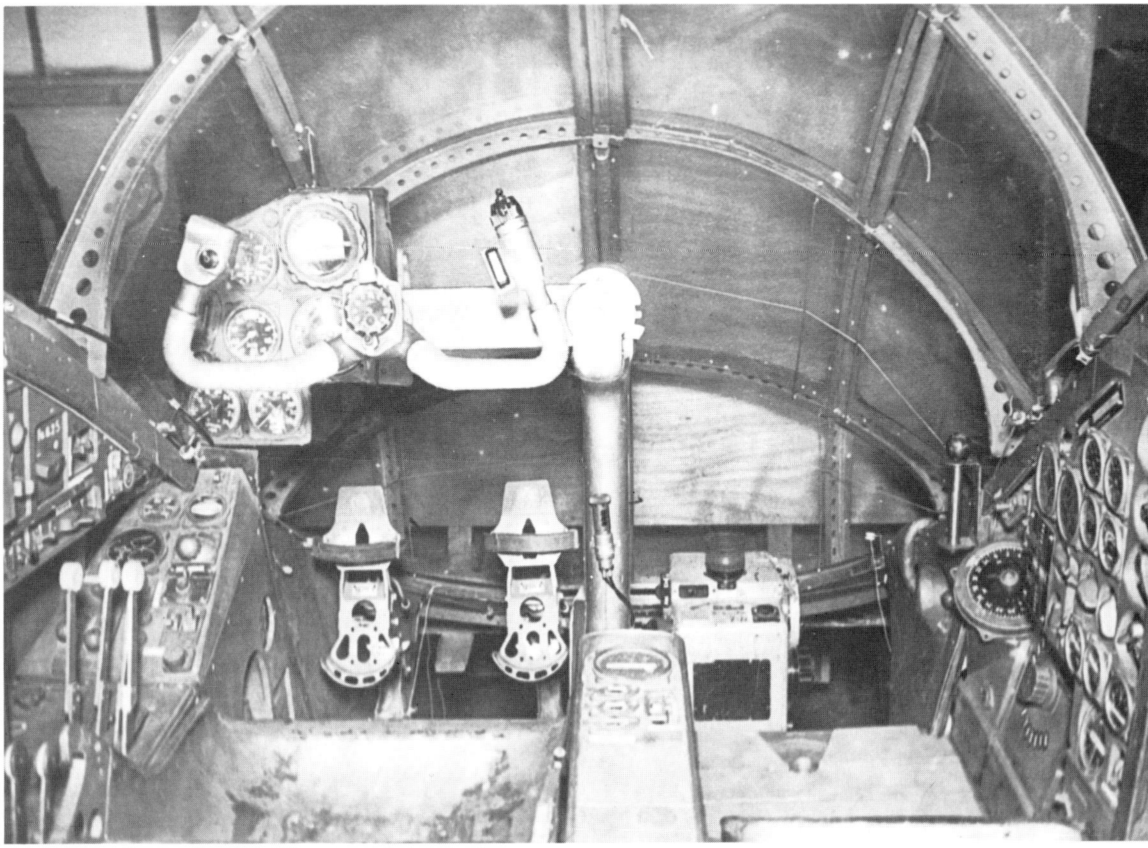

Die Ju 288 V1 noch ohne Anstrich nach der Endmontage in der Halle in Dessau.

die die Kühlluft direkt in die Motoren geleitet wurde.
Das Erprobungsprogramm wurde durch Flugkapitän Siegfried Holzbauer und die Einflieger Joop und Preuschen durchgeführt und verlief im allgemeinen zufriedenstellend. Auch bei der Ju 288 hatte GL/C Sturzflugeigenschaften verlangt. So wurden Versuche mit zwei verschiedenen Sturzflugbremsen angestellt. Eine Entscheidung wurde aber bis zur Fertigstellung der ersten Ju 288-Versuchs-Maschinen zurückgestellt. Im Herbst 1940 war eine Versuchszelle fertiggestellt, die für statische und Bruchversuche bestimmt war.
Erst Ende Januar 1941 war dann endlich die Ju 288 V1, D-AOTF, fertig. Aber jetzt zeigte sich schon das erste Hindernis: Der Jumo 222 war nicht einsatzbereit. Er sollte nie serienreif werden. In einem Bericht für die Deutsche Akademie für Luftfahrtforschung vom 8. November 1943 erklärte Fritz Nallinger, der Technische Direktor von Daimler-Benz, der Jumo 222 laufe »seit längerem am Prüfstand«. Man war also zu einer Notlösung gezwungen und baute bei der Ju 288 V1 den BMW 801 ein, der zwar eine Startleistung von 1600 PS hatte, aber bereits in 4600 m Höhe nur noch 1380 PS hergab. Im März 1941 wurde die Ju 288 V2, D-ABWP fertig, die an sich der V1 glich, aber mit Sturzflugbremsen ähnlich der Ju 88 ausgerüstet war. Da mit dem BMW 801 keine befriedigenden Leistungen zu erzielen waren, zog sich die Erprobung bis zum Sommer 1942 hin. Dabei stellte sich dann am 22. Juni 1942 heraus, daß Fahrwerk und Reifen zu schwach waren. Die Maschine machte an diesem Tage eine Bruchlandung. Sie wurde abgestellt. Auch das nächste Versuchsmuster Ju 288 V3 war mit dem BMW 801 ausgerüstet und nahm im Sommer 1941 die Flugerprobung auf. An dieser mit der Kennzeichnung BK+HS versehenen Maschine wurden bereits verschiedene Bewaffnungseinbauten erprobt. Nachdem aber auch die V3 eine Bauchlandung nach Fahrwerksschaden durchführen mußte, wurde das Hauptfahrwerk verstärkt. Es stellte sich heraus, daß auch dies noch keine ideale Lösung war; man setzte die Fahrwerkserprobung mit der wieder aufgebauten Ju 288 V2 und der Ju 88 V16, D-ACAR, fort. Die Ju 288 V3 machte dann aber eine weitere Bruchlandung, kurz nachdem sie 100 Flüge absolviert und im Heck ein ferngesteuertes MG 151 erhalten hatte.
Der Jumo 222 kam und kam nicht. Genau wie beim BMW 801 traten erhebliche Kühlungsschwierigkeiten auf. So mußte auch das nächste Versuchsmuster Ju 288 V4 D-AACS mit dem BMW 801 ausgerüstet werden. Auch diese Maschine machte Bruch: Beim Landeanflug auf den Werkflugplatz in Dessau begann der linke Motor zu brennen. Das Feuer griff auf den Rumpf über. Beim Ausrollen knickte das ganze Rumpfvorderteil nach unten weg. Die Reparatur der Ju 288 V4 zog sich bis zum November 1941 hin.
Das nächste Versuchsmuster, die Ju 288 V5, war das erste Flugzeug, das den vorgesehenen Jumo 222 erhielt. Diese Maschine wurde im September 1941 fertig und startete am 8. Oktober 1941 zum Erstflug.
Die Ju 288 V6 hatte ebenfalls den Jumo 222, besaß aber den für die B-Serie vorgesehenen Flügel mit vergrößerter Spannweite. Wie schlecht es um den Jumo 222 stand, ist aus der Tatsache zu ersehen, daß die Ju 288 V7 wieder mit BMW 801 ausgerüstet werden mußte. Sie wurde erst im Frühjahr 1942 fertig und beendete ihre Karriere bald mit einem Triebwerksbrand.
Letztes Versuchsmuster für die geplante A-Se-

Das zweite Musterflugzeug der A-Version vor dem Erstflug. Darunter die Ju 288 V2 D-ABWP nach dem Fahrwerkbruch am 22. 6. 1942.

Ju 288 V2, D-ABWP, Bruchlandung 22. 6. 1942, darunter die Ju 288 V2 in der Halle. Die geplatzten Reifen sind sehr gut zu sehen.

rie war die Ju 288 V8. Sie war mit Jumo 222 ausgerüstet, hatte wieder die kurze Fläche, aber ein neues vergrößertes Leitwerk, wie es für die B-Serie vorgesehen war.
Die drei Ju 288 V6, V7 und V8 galten als Vorserienflugzeuge der A-Serie. Nach den Plänen der JFM (Junkers Flugzeug- und Motorenwerke) sollten in die Serienfertigung der Ju 288 Arado, Dornier (NDW), Heinkel, Henschel und Siebel eingeschaltet werden. Die monatliche Ausbringung sollte dadurch von 80 auf 300 Maschinen gesteigert werden. Dazu kam es nicht. Denn GL/C verlangte weitere Änderungen und vor allen Dingen eine Vergrößerung der Besatzung auf vier Mann. Damit fiel die A-Serie ins Wasser.

Ju 288 V3, BK + HS vor dem Erstflug. Darunter die Ju 288 V3 nach dem 100. Werksprobeflug mit dem Personal des Einflugteams. Dazwischen lagen aber mehrere Brüche.

Oben: Versuchseinbau einer MK 103 im Heck der Ju 288 V3. – Unten: Bauchlandung der Ju 288 V3, Heckwaffe noch nicht eingebaut.

Oben: Ju 288 V4, D-AACS, kurz vor dem ersten Flug. – Unten: Dasselbe Flugzeug nach dem Triebwerksbrand. Die Brandschäden an Fläche und Rumpf sind gut zu erkennen.

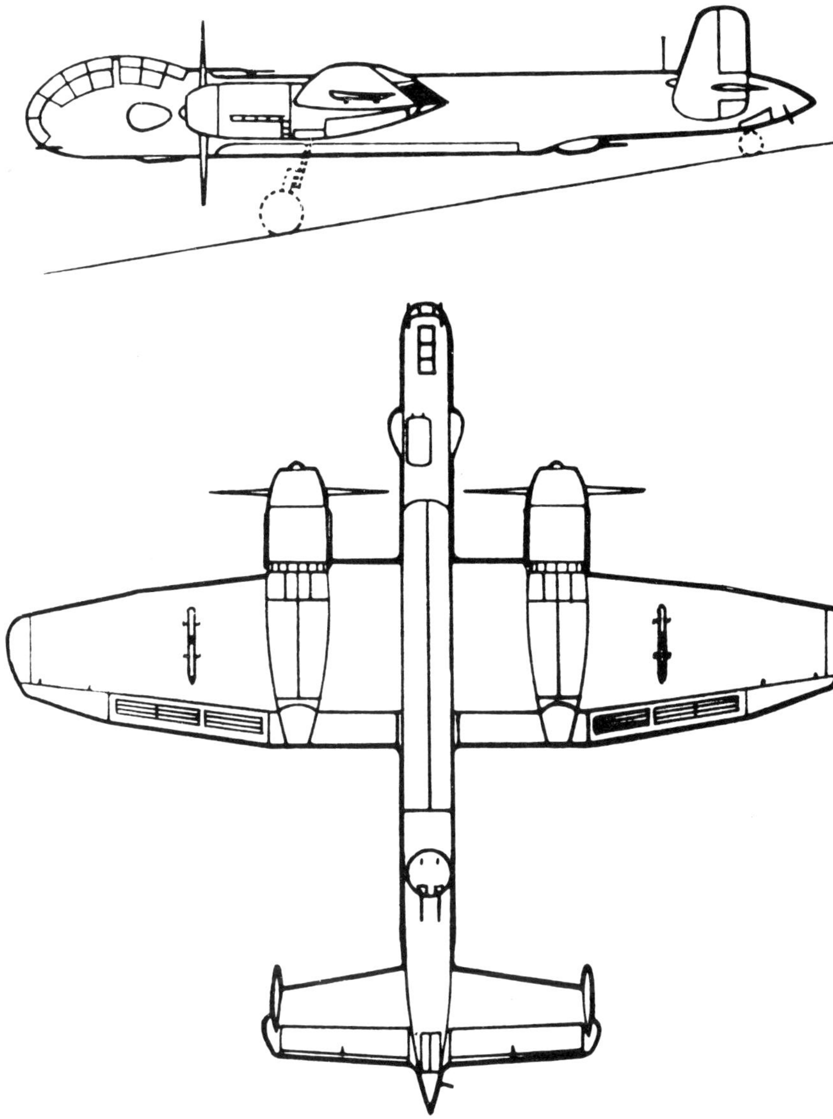

Dreiseitenzeichnung Ju 288 A.

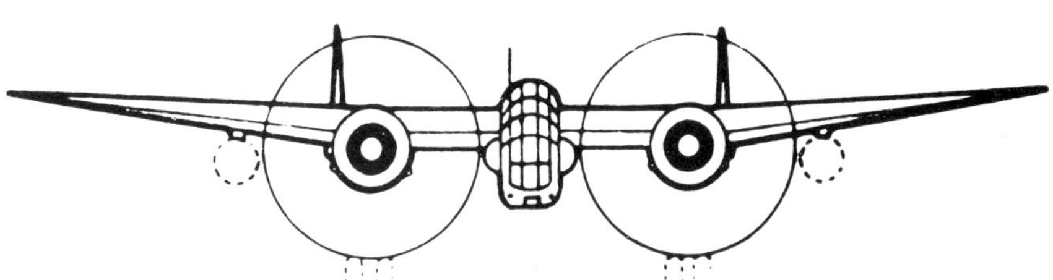

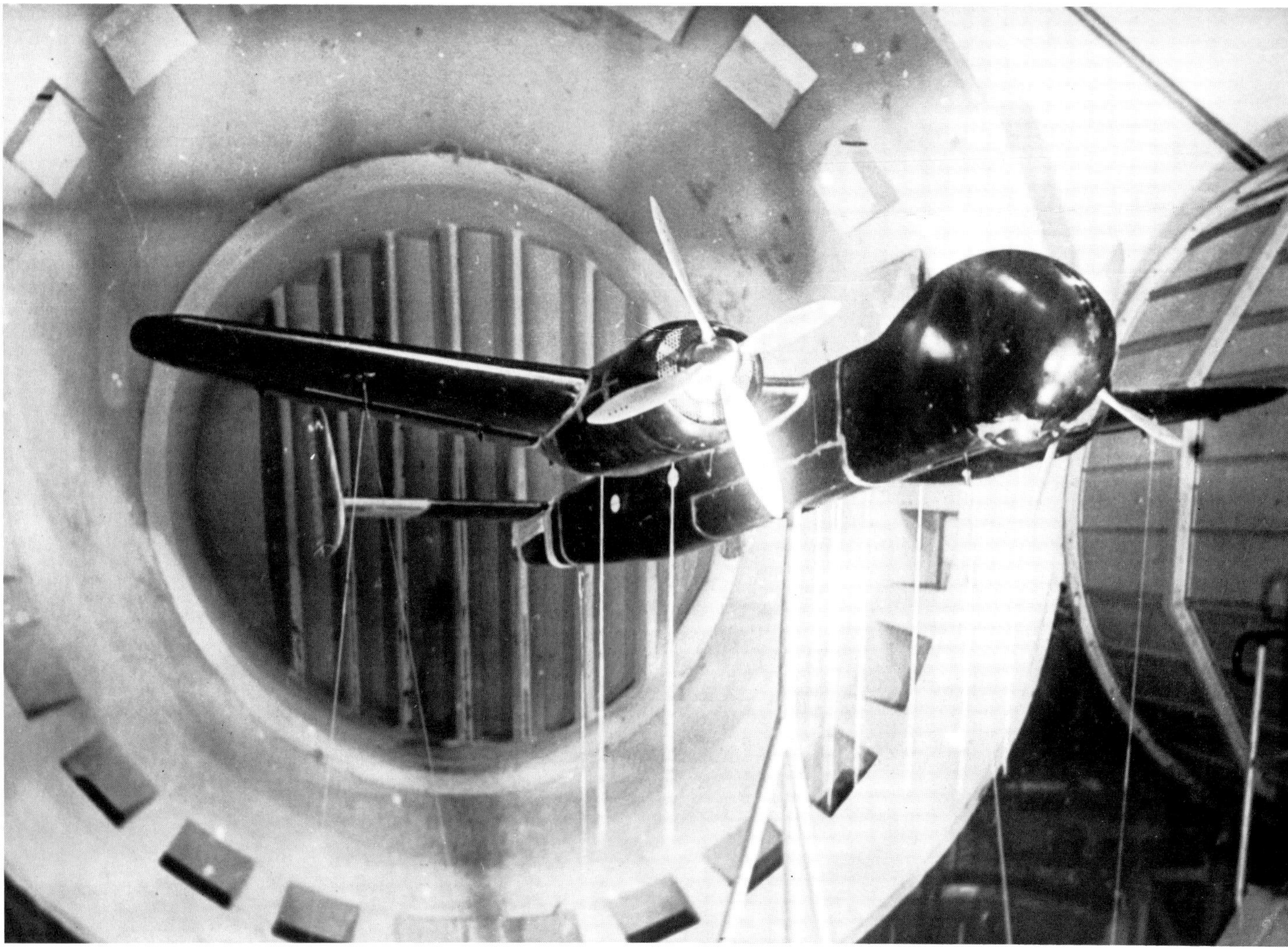

Oben: Modell Ju 288 A im Windkanal in Dessau. – Links: Versuchsweises Einhängen einer PC 2500 Sprengbombe in der Bombenkammer der Ju 288 V8.

Oben: Ju 288 V5 war die erste Ju 288, die den Jumo 222 A als Triebwerk erhielt. – Unten: Ju 288 V7 nach Triebwerksbrand. ▶

Jetzt mußte die B-Serie mit größter Eile vorbereitet werden. Die Ju 288 B mußte vollkommen umkonstruiert werden, sie wurde schwerer, die Leistungen gingen dadurch zurück. Die Bewaffnung wurde verstärkt. Neben B- und C-Stand erhielt sie vorn unter der Kanzel einen »Kinnturm«. Alle Waffenstände sollten über ein unteres und ein oberes Periskopvisier ferngesteuert werden. GL/C akzeptierte alle Vorschläge des Kobü (Konstruktionsbüros) in Dessau und ordnete Serienanlauf der Ju 288 B ab März 1942 an. Zu dieser Zeit hatte der Autor zum ersten Mal Gelegenheit, die Ju 288 im Fluge zu beobachten. Es war eine der mit BMW 801 ausgerüsteten A-Maschinen. Von fern ähnelte die Maschine der Do 217. Es war aber geradezu beängstigend, wie langsam die Maschine vom Werkflugplatz Dessau startete und sich Meter um Meter in die Höhe quälte. Man konnte sich nicht vorstellen, daß diese Maschine überhaupt für einen Fronteinsatz in Frage kam. Die Lieferschwierigkeiten mit dem Jumo 222 führten dazu, daß GL/E (Nachschubamt) den Auftrag auf 35 Flugzeuge reduzierte. Mai 1942 startete dann als erstes Musterflugzeug für die B-Serie die Ju 288 V9, VE+QP, die bereits eine vierköpfige Besatzung hatte und mit Jumo 222 ausgerüstet war. Inzwischen hatte sich herausgestellt, daß mit dem Jumo 222 praktisch doch nicht mehr zu rechnen war. Die Entscheidung des Staatssekretärs Milch im Jahre 1941, der nach Siegen in Rußland der Auffassung gewesen war, daß der Krieg bereits entschieden sei und ein solcher Motor nicht mehr gebraucht werde, hatte zu einer Lücke in der Entwicklung geführt, die jetzt nicht mehr aufzuholen war. In dieser Situation griff man wieder auf eine Notlösung zurück, auf den Daimler-Benz DB 606 A/B, der aus der Kopplung zweier DB 601 entstanden war.

Der DB 606 hatte eine Startleistung von 2700 PS und gab selbst in 5500 m Höhe noch 2080 PS her. Obwohl zu diesem Zeitpunkt die Schwierigkeiten mit Doppelmotoren von der He 177 her bekannt waren, entschloß man sich, die Ju 288 B mit diesem Triebwerk, später auch mit dem stärkeren DB 610, auszurüsten. Erstes Flugzeug mit dem DB 606 wurde die Ju 288 V11. Die Maschine kam Mai 1942 aus der Endmontage und begann mit der Bodenerprobung. Ihr folgte in relativ kurzer Zeit die Ju 288 V12, die aber wieder Jumo 222-Triebwerke erhielt. Ihr folgte die Ju 288 V13, die DB 606 A/B hatte. Die Bezeichnung A/B bedeutete, daß der DB 606 ein Linksläufer war, die Ausführung B ein Rechtsläufer. Die V13 diente vornehmlich der Waffenerprobung. Sie endete ihr Leben nach Triebwerksschaden am 15. Mai 1943 mit einer Bruchlandung bei Tornitz. Auf einen Wiederaufbau verzichtete man. August 1942 kam als letztes Versuchsmuster der B-Serie die Ju 288 V14 heraus. Dieses Flugzeug, Kennzeichen DF + CT, startete mit Jumo 222 im September 1942 zum Erstflug. Diese vier Ju 288 B wurden von den Erprobungskommandos positiv beurteilt, so daß GL/C bereits den Serienauftrag mit DB 606 erteilen wollte.
Aber es kam wieder anders, diesmal durch Professor Hertel selbst. Sein früherer Chef, Ernst Heinkel, hat sich in seinen Erinnerungen wie folgt über Hertel geäußert: »Er mußte mit seinen Konstruktionen und den Bemessungen der Dimensionen oft über die Grenzen des Möglichen hinausgehen ... Das hatte wiederum ständige Änderungen zur Folge – Änderungen, die schon an sich dem konstruktiv ruhelosen Wesen Hertels nahelagen und so leicht keine Maschine zur Serienreife gedeihen ließen ... Er vollendete eine Maschine zu achtzig oder

Werkszeichnungen der geplanten Vorserie Ju 288. ▶

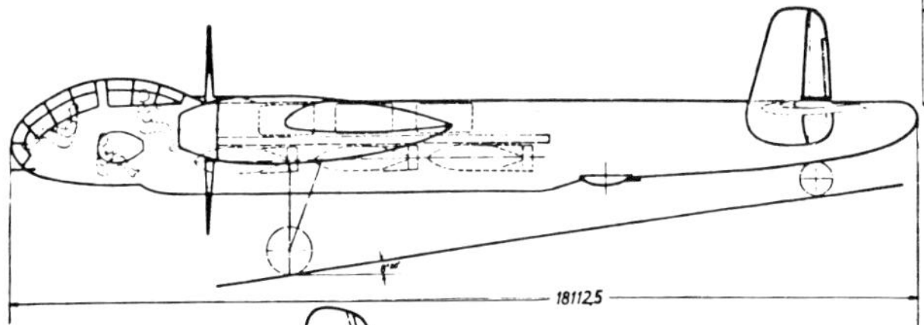

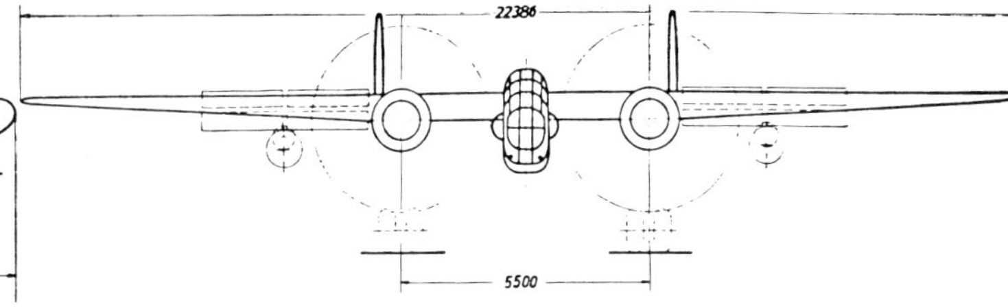

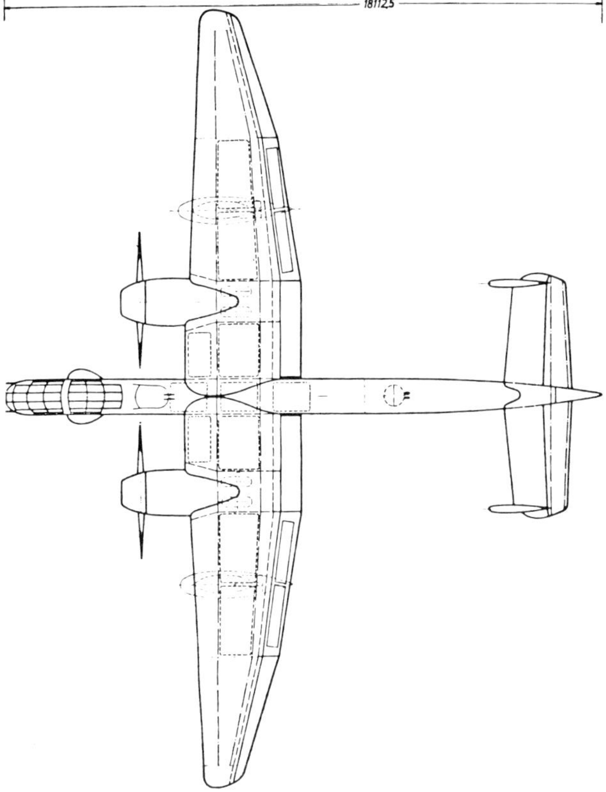

Ju 288 Vorserie

Bewaffnung:	A-Stand	2 MG 81 mit	2 × 700	Schuß
	B-Stand	MG 131Z "	2 × 1000	"
	C-Stand	MG 131Z "	2 × 1000	"
Motoren:	2 × Jumo	222	1. Entw. Stufe	
Start-/Kampfleistung		2 × 2000/2 × 1690 PS		

		Normallast	Überlast		
Rüstgewicht	kg	10900	11000	10900	10700
Bombenzuladung	kg	2000	1500	3600	5000
Kraftstoff	kg	3600	5000	3400	2300
Abfluggewicht	kg	17300	18500	18600	18700
V_{max} (H=6,2 Km)	Km/h	615	615	615	620
V_{Reise} (H=6 Km)	Km/h	560	550	560	560
V_{Reise} (H=8 Km)	Km/h	520	520	500	510
Flugstrecke (H=8 Km)	Km	3600	5000	3200	2000
Dienstgipfelhöhe (G_m)	m	10600	10200	10600	11000

Ju 288 Vorserie Rumpfübersicht

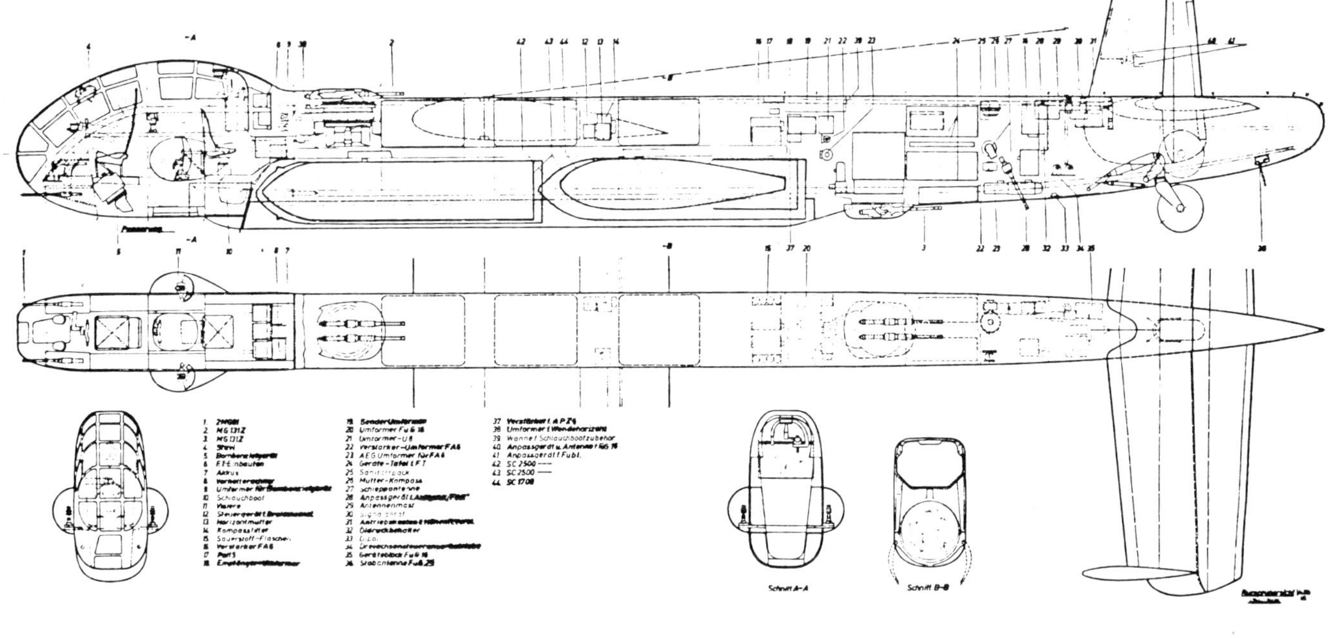

Schaumodell der Ju 288 B.

So stellte man sich die Ju 288 B im Fluge vor.

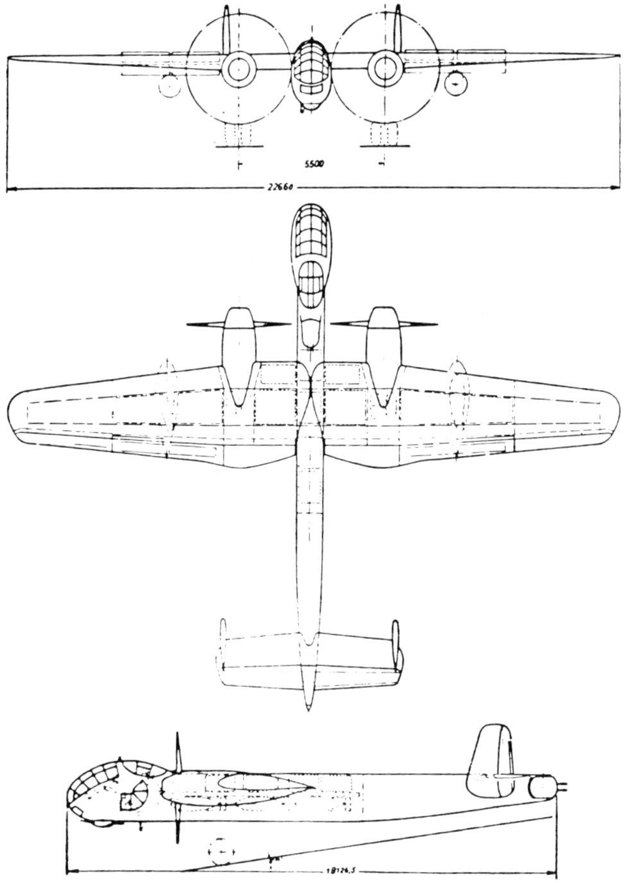

Ju 288 Serie

Motoren		2×Jumo 222	2.Entw. Stufe
Start-/Kampf-/Dauerleistung	PS	2×2000	2×1790
Dauerleistung (Hkm)		2×1450 (6)	2×1100 (8)
Rüstgewicht	kg	11440	
Bombenzuladung	kg	2000	
Kraftstoff	kg	4000	
Abfluggewicht	kg	18500	
V_{max} (H=6,2 km)	km/h	615	
V_{Reise} (H=6 km)	km/h	540	
V_{Reise} (H=8 km)	km/h	500	
Flugstrecke (H=8 km)	km	3600	
Dienstgipfelhöhe (G_{mittel})	km	9600	

Bewaffnung

	vorläufig	später
B-Stand	MG 131 Z	1MG 151 u 2MG 81
C-Stand	MG 131 Z	MG 131Z
Heckstand	MG 151	MG 131Z

Werkszeichnungen der Ju 288 B.

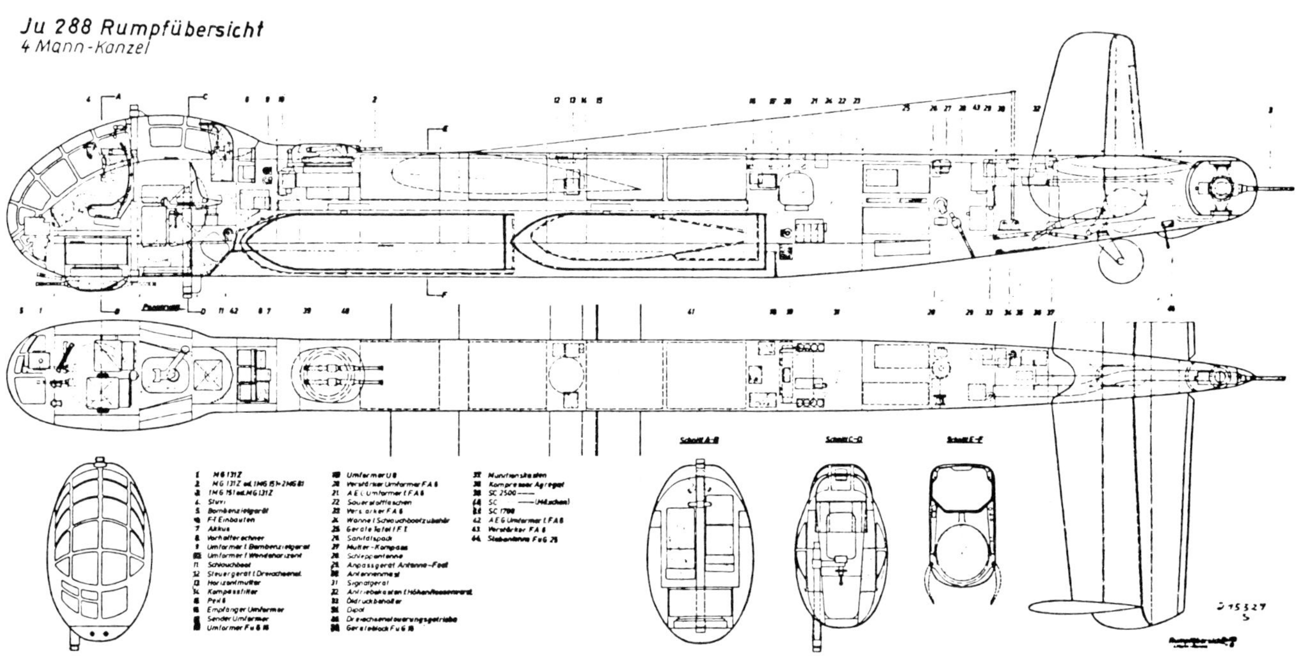

V9

V9

◀ Ju 288 V9, die erste Maschine der B-Version, Kennzeichen VE+QP, während der Flugerprobung.

Rechts: Junkers Jumo 222 Motor. – Unten: Ferngesteuerter C-Stand in Ju 288 V11.

Ju 288 V11 war das erste Flugzeug, das mit dem Daimler-Benz DB 606 ausgerüstet wurde. An der Aufschrift am Bug ist zu erkennen, daß der Junkers-Werkmeister Schnelle für diese Maschine verantwortlich war.

Die Ju 288 V11 erhielt einen ferngesteuerten B-Stand FDL 131 Z. Auf der Kabinenabdeckung ist das Periskop des Schützen erkennbar. ▶

S 3

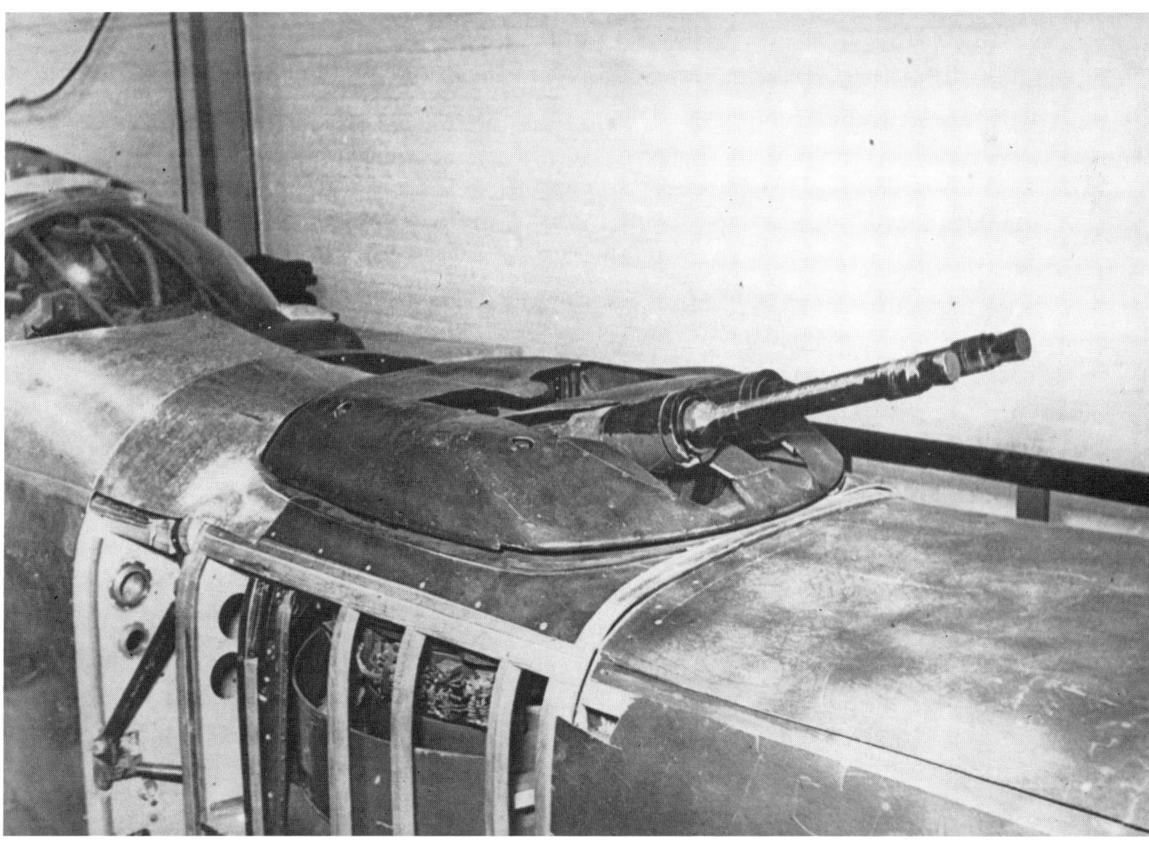

Ju 288 V12: FDL 131 Z vorwärts aufwärts feuernd.
Darunter Bombenaufhängung in der Ju 288. Sie war der in der englischen Avro »Lancaster« ähnlich.

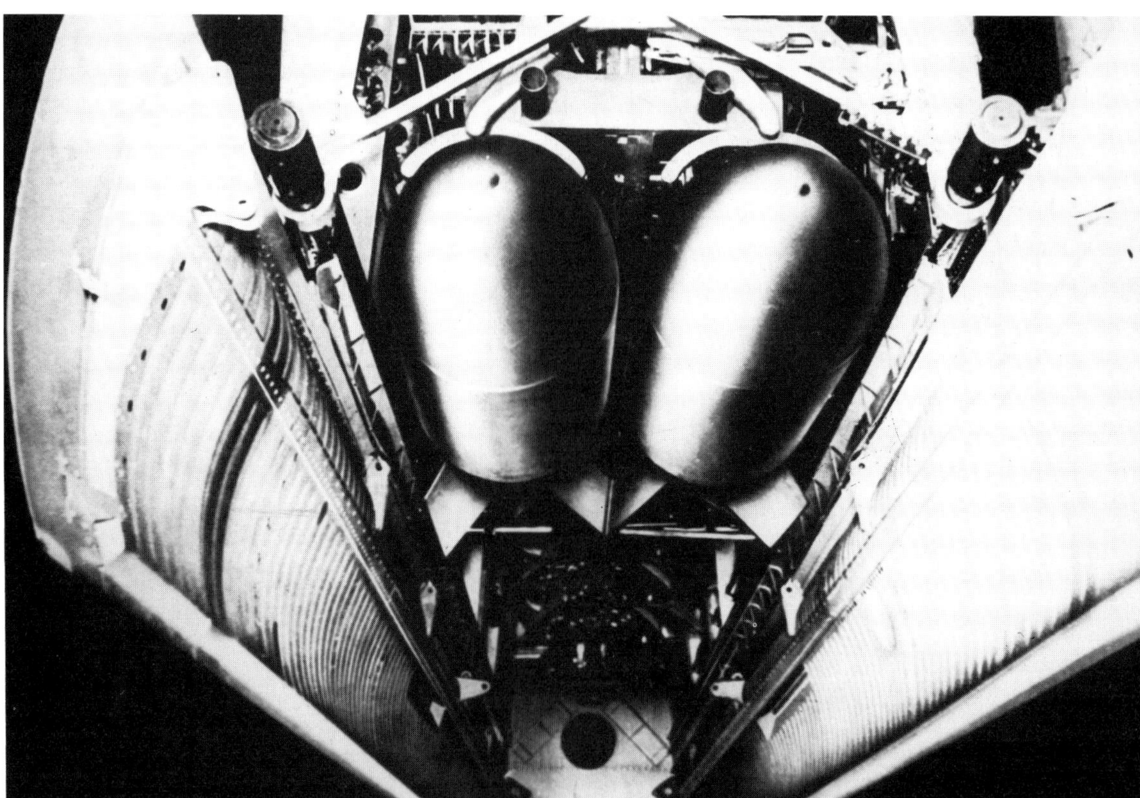

Das Triebwerk der
Ju 288 B, der DB 606.

Ju 288 V 12 und V 13 im Bau in Dessau.

Zwei Bilder der Ju 288 V13 nach der Bruchlandung bei Tornitz am 15. Mai 1943.

neunzig Prozent. Dann verlor er die Lust, und ein anderer mußte sie fertigmachen.« So kam es auch jetzt. Bevor das RLM Order erteilen konnte, hatte Hertel die Ju 288 in einigen Punkten entscheidend geändert. Dies sollte die C-Serie darstellen, die aber mit dem ursprünglichen Konzept des Bombers B nur noch sehr wenig gemein hatte. Die Änderungen umfaßten einen verlängerten Rumpf durch ein neues Rumpfvorderteil, Verstärkung der Defensivbewaffnung, was eine strukturelle Verstärkung der Zelle und damit eine Gewichtserhöhung nach sich zog. Als erstes Musterflugzeug der C-Serie wurde im August die Ju 288 V101 (eigentlich V15) fertiggestellt, die mit DB 606 ausgerüstet war.
Anfang Oktober folgte bereits die V102, die weitgehend der V101 entsprach. Ab November 1942 interessierte sich Professor Hertel für die Ju 288 überhaupt nicht mehr, da er als Technischer Kommissar des RLM für die Heinkel He 177 abkommandiert worden, deren Studienentwicklung vor 1939 fast ausschließlich seine Sache gewesen war. Sie war damals der letzte Anstoß gewesen, daß Heinkel sich von ihm getrennt hatte. Hertel besaß das besondere Vertrauen Görings und war daraufhin als Sonderkommissar für die He 177 berufen worden. Im Kobü in Dessau ließ man sich dadurch nicht stören. Man hoffte immer noch die Ju 288 zum Fronteinsatz bringen zu können und arbeitete fieberhaft an der Vorbereitung für den Serienbau der C-Version. Die Erprobung der Ju 288 V101 und V102 ergab die Notwendigkeit einiger kleinerer Änderungen, die dann beim Bau der dritten Versuchsmaschine V103, DE+ZZ, berücksichtigt wurden. Sie war die erste Ju 288, die mit dem DB 610 ausgerüstet wurde, dem Motor, den Daimler-Benz niemals vollkommen betriebssicher machen konnte, wie die Geschichte der He 177 beweist. Die V103 erhielt unter anderem Lastenträger (ETC) unter den Tragflächen und vier ferngesteuerte Waffenstände. Sie galt als Musterflugzeug für die C-1-Serie. Es folgten noch drei Musterflugzeuge, V104, V105 und V106, die nur geringe Unterschiede aufwiesen. Die Kennzeichnung der letztgenannten lautete DF+CZ. Im Sommer 1943 wurde dann die Planung für den Serienbau von drei C-Versionen abgeschlossen. Die steigende Aktivität der Alliierten Bomberverbände an allen Fronten über dem Reichsgebiet zwang dann aber das RLM die Jägerproduktion zu steigern und die Bomberfertigung zu drosseln. Da man mit einer Serienfertigung der Ju 288 vor 1945 nicht mehr rechnen konnte, entschloß sich daraufhin GL/C das Bomber B-Programm zu streichen. Damit war das Ende einer vielversprechenden Bomberentwicklung gekommen. Daß diese Entwicklung nicht mehr zum Tragen kam, ist einmal auf die Entscheidung Milchs bezüglich des Jumo 222 im Jahre 1941, zum anderen aber auch teilweise auf die Änderung Hertels von B auf C gerade in dem Augenblick, als der Serienauftrag erteilt werden sollte, zurückzuführen.

Trotz des Entwicklungsstops für die Ju 288 sind noch zwei Versuchsmaschinen der Version C fertiggestellt worden. Es handelte sich um die V107 BS+CB undV108. V107 erlitt leichtere Schäden durch Fahrwerksdefekt bei der Landung, konnte aber repariert werden. V108 aber endete ihr Leben mit Triebwerks- und Fahrwerksschaden, die zur Bauchlandung führten, nach der sich eine Reparatur nicht mehr lohnte. Alle noch im Bau befindlichen Zellen wurden verschrottet. Die Flugerprobung der noch vorhandenen Maschinen wurde aber bis Mitte 1944 fortgesetzt. Es waren aber nur noch fünf.

Die letzte Ju 288 B, V 14, im Fluge.

Ju 288 V102, eines der Musterflugzeuge für die C-Serie, im Bau im Stammwerk Dessau.

Dreiseitenzeichnung Ju 288 C. Ju 288 V103 vor dem Erstflug.

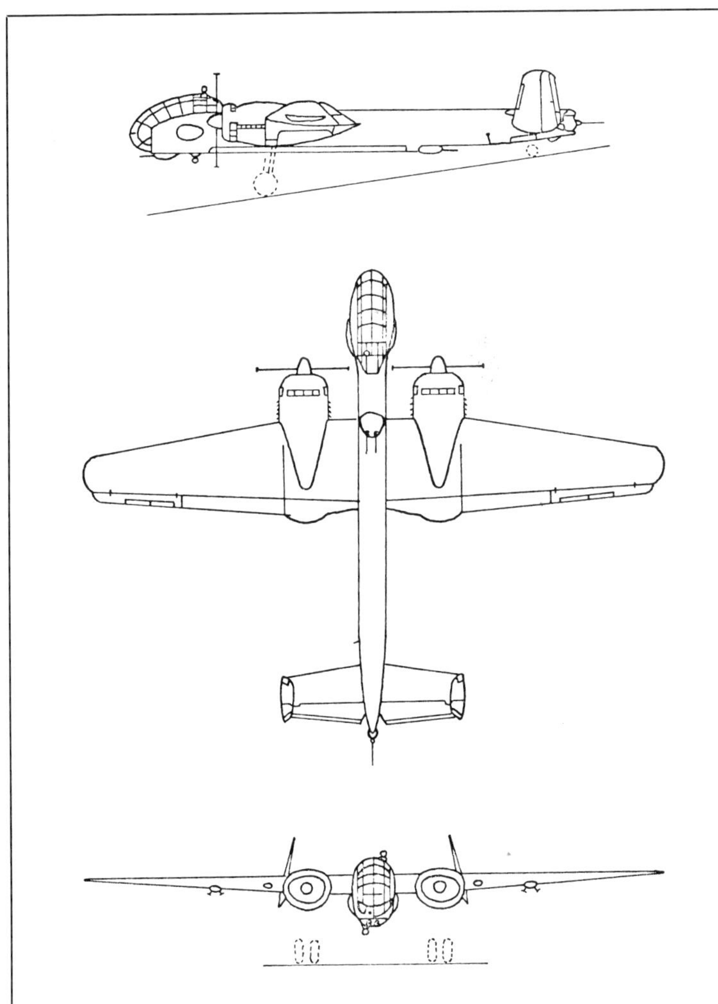

Siebzehn Versuchsmuster waren mehr oder weniger schwer beschädigt und wurden verschrottet. Zwei oder drei Ju 288 V-Maschinen gingen zur Luftwaffe und wurden auf Truppenwerften zur Panzerbekämpfung mit 5 cm BK 5 (KWK 39) ausgerüstet, die unter dem Rumpf eingebaut und ähnlich Ju 88 P verkleidet wurden. Damit griff man in gewisser Beziehung auf den Entwurf Ju 288 G aus den Jahren 1940/41 zurück, der den Einbau einer rückstoßfreien 35,5 cm-Kanone vorsah, die unter der Bezeichnung »Gerät 104 Münchhausen« entwickelt worden war. Obwohl der Hersteller Rheinmetall-Borsig die Rückstoßfreiheit der Waffe eindeutig beweisen konnte, verzichtete die Luftwaffe zugunsten anderer Sondergeräte.

Ju 288 V107, BD + CB, nach Fahrwerksschaden aufgebockt. Beim oberen Bild ist der Kinnturm mit FDL 131 Z gut zu erkennen.

Das Ende der Ju 288 V108: Fahrwerks- und Motorschaden erwiesen sich als so schwer, daß Reparatur nicht mehr lohnte.

Oben: Diese Aufnahme des Bruchs der V108 zeigt gut den ferngesteuerten Heckstand mit MG 151/20. – Links: Auch der Einbau dieses Drehturms mit vier MG 131 wurde bei der Ju 288 versucht.

Projektierte Weiterentwicklungen der Ju 288 ▶

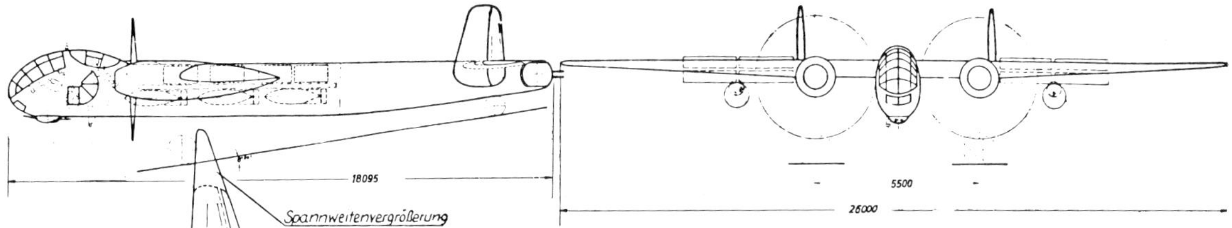

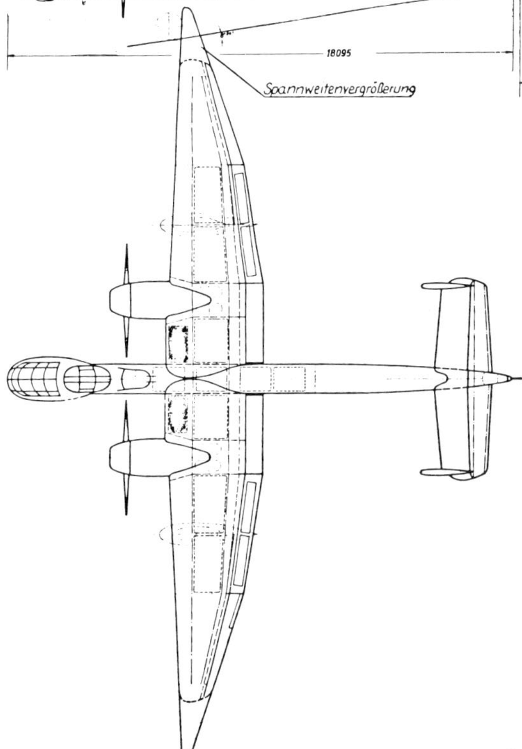

Höhenbomber Ju 288

Bewaffnung

B-Stand MG81Z mit 2×1000 Schuss
C-Stand 〃 〃 〃 〃
H-Stand 〃 〃 〃 〃

Motoren Jumo 222 Höhenmotor
Startleistung 2×2000 PS
Kampfleistung 2×1700 PS in H=10 km

Rüstgewicht	kg	11000
Kraftstoff	〃	2800
Bombenlast	〃	2000
Abfluggewicht	〃	16500
V_{max} in H=10 km	km/h	680
Reisehöhe	km	11
Technische Flugstrecke	km	2400
bei V_{Reise}	km/h	590
H_{Dienst}	km	13

Ju 288 mit 223

Startleistung 2500 PS
Kampfleistung 1650 PS

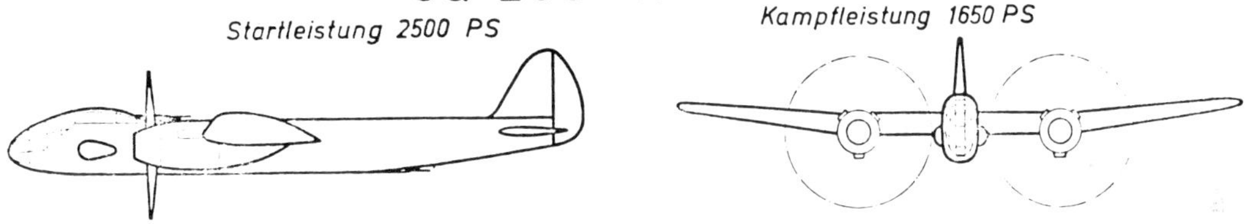

Reisegeschwindigk. in 6 km Höhe 580 km/h
Höchstgeschwindigk. in 6 km Höhe 650 km/h

Reichweite km	2500	3500	4500	5000
Bombenlast kg	3000	1500	1000	500

Sonderausführung Ju 288 (mit Kanone)

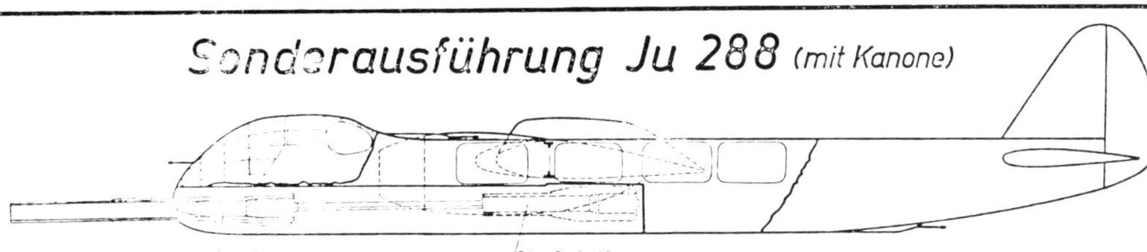

Vergleich zwischen Fliegerbombe u. Granate von gleichem Gewicht

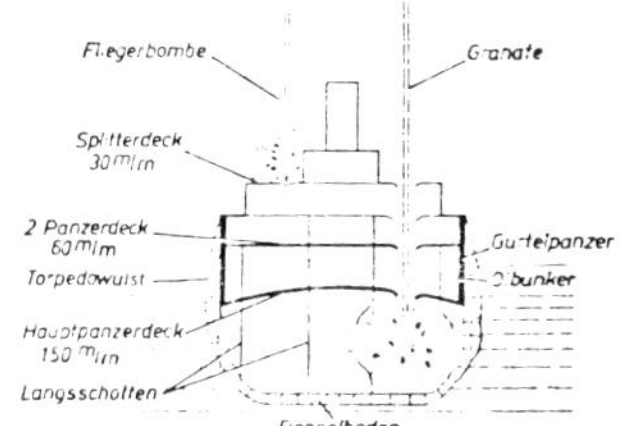

	Schuß aus Sturzfl.		Abwurf aus Sturzfl.	Abwurf aus Horizontalfl.
Geschoßgewicht kg	400	400	400	400
Geschoßdurchmesser mm	280	280	430	430
Abwurfhöhe m	2000	4000	2000	4000
Anfangsgeschw. m/sec	560	560	240	0
Auftreffgeschw. m/sec	530	500	240	230
Fallzeit sec	3,7	7,5	8,4	31
durchschlagene Panzerstärke mm	200	200	32	30

4. Teil

Ju 388

Der letzte Versuch

Nachdem die Entwicklung Ju 288 gescheitert war, griff man beim RLM auf ein älteres Projekt der Reihe Ju 188 zurück, die Höhenflugzeug-Versionen K und L. GL/C erteilte im September 1943 JFM offiziell den Auftrag, das Projekt »Hubertus« auf schnellstem Wege auszuarbeiten. Das Projekt »Hubertus« bedeutete die Entwicklung des Höhenflugzeugs Ju 388 in drei Versionen: Zerstörer, Bomber und Fernerkunder. Da man teilemäßig weitgehend auf die Ju 188 zurückgreifen konnte, hoffte man auf diese Weise auf dem schnellsten Wege zum Ziel zu kommen. Auf Anordnung von GL/C sollten drei Mustermaschinen, je eine für jede Version, erstellt werden. An sich war für die Ju 388 generell als Abwehrbewaffnung ein ferngesteuerter Heckstand FA 15 mit zwei MG 131 vorgesehen. Da dieser aber nicht schnell genug geliefert werden konnte, entschloß man sich zum Umbau einer normalen Ju 188 F-1, DW+YY, die als Notlösung einen Waffentropfen WT 81 Z (MG 81-Zwilling starr nach hinten feuernd) unter dem Rumpf erhielt. Die Ju 188-Kanzel wurde durch eine Druckkabine und der normale BMW 801 durch den BMW 801 TJ mit Abgas-Turbolader, Startleistung 1810 PS, ersetzt. Die Erprobung bei Junkers und anschließend in Rechlin befriedigte so, daß GL/E Auftrag zum Umbau weiterer zehn Maschinen erteilte. Dieser wurde im JFM-Zweigwerk Merseburg durchgeführt und die zehn Ju 388 L-0 sofort an die Truppe ausgeliefert, wo sich die Maschinen gut bewährten. Ein Großserienauftrag folgte für die endgültige Ausführung Ju 388 L-1, die sich von der Vorserie L-0 durch den Heckstand FA 15/MG 131 Z und eine Bombenwanne ähnlich Ju 88 A-15 unterschied. In der Zwischenzeit gingen die beiden anderen Versuchsmaschinen, der Zerstörer Ju 388 V2 und der Bomber Ju 388 V3 der Vollendung entgegen.

Für die Ju 388 V2 war eine Attrappe des Rumpfvorderteils erstellt worden, um den Einbau der Funkortungsgeräte testen zu können. Während aber bei der Attrappe noch das Antennensystem »kleines Hirschgeweih« vorgesehen war, erfolgte dann bei der Ju 388 V2 (J1) der Einbau des »großen Hirschgeweihs« für das FuG 220 Lichtenstein SN 2. Die Ju 388 V2 hatte zwar den Heckstand FA 15/MG 131 Z. Da dieser aber nicht vorschriftsmäßig funktionierte (bei hoher Geschwindigkeit entsprach die Waffenstellung nicht dem Winkel des Periskopvisiers), wollte man bei der Serie J-1 auf den FA 15 verzichten. Bis zum Anlaufen der Serie J-2 hoffte man, den FA 15 in den Griff zu bekommen. Als Endlösung war dann die Ju 388 J-3 vorgesehen, die statt Lichtenstein SN 2 das FuG 228 Lichtenstein SN 3 mit Morgenstern-Antenne und im hinteren Rumpfteil eine Schrägbewaffnung von zwei MG 151/20 (»Schräge Musik«) erhalten sollte. Die Morgenstern-Antenne sollte eine ähnliche Verkleidung erhalten wie die Ju 88 G-7.

Die Ju 388 K kam überhaupt nicht mehr zum Tragen. Von zehn in Auftrag gegebenen Vorserienflugzeugen wurden nur vier fertiggestellt. Dann kam im Herbst im Rahmen des Jäger-Notprogramms das Bomber-Bauverbot. Rein äußerlich bestand kein Unterschied zwischen Ju 388 K und L, da beide die große Bombenwanne der Ju 88 A-15 besaßen. Jedoch trug die Ju 388 K-0 hierin eine Bombenlast von maximal 3000 kg, während bei der L-1 zwei große Reihenbildgeräte darin untergebracht waren. Insgesamt wurden 95 Ju 388 L-0 und L-1, vier Ju 388 K-0 und vier Ju 388 J-0 gebaut.

Oben: Baumuster-Übersicht Ju 388 J.
Unten: Projekt Ju 388 mit zwei BK 5. ▶

Baumuster Bezeichnung	Skizze	Motor und Triebwerks-Bezeichnung	v_{max} in H = km km/Std.	Errechnete Flugstrecke bei v_R max km	Dienst Gipfelhöhe bei G_m m	Rüst-gewicht kg	Abflug gewicht kg
Ju 388 J-1 Tag-Zerstörer Nacht-Jäger Nr. 388/802 x)	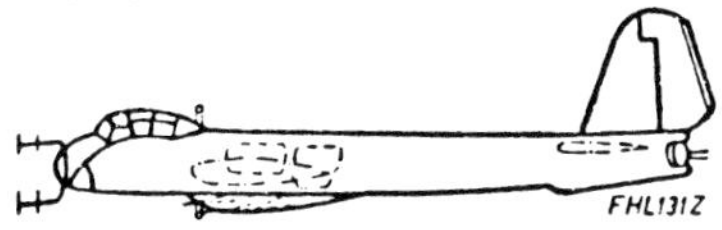 Ausführungsunterschiede Tag: 2 MK 103 oder 2 MG 151 Nacht: 2 MK 108 und 2 MG 151 und 2 MK 108 schräg	9-8801 J-0 mit BMW 801 G	in H = 11,6 km Tag: 621 Nacht: 589	in H = 11 km 2200 2160	12850 12550	10135 10230	13275 13310
Ju 388 J-2 Tag-Zerstörer Nacht-Jäger Nr. 388/804/805 x)	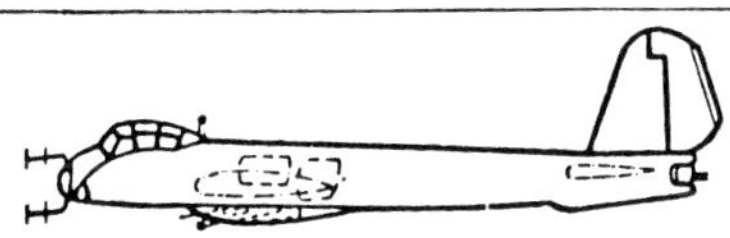	9-8222 A/B mit Jumo 222 A/B /B3	in H = 7,2 km Tag: 650 Nacht: 626	in H = 8 km 2000 1850	11900 11600	11120 11235	14177 14362
Ju 388 J-2 Tag-Zerstörer Nacht-Jäger Nr. 388/806/807 x)	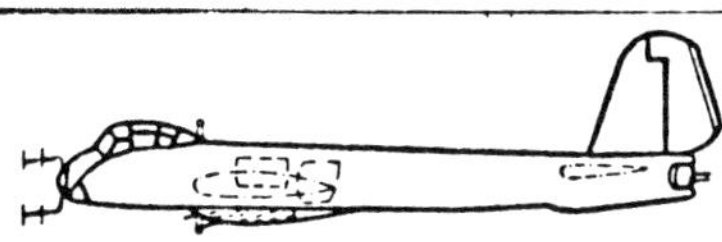	mit Jumo 222 E/F	in H = 11,5 km Tag: 710 Nacht: 685	in H = 11 km 1680 2570	13600 13350	11450 11565	14510 14690
Ju 388 J-3 Tag-Zerstörer Nacht-Jäger Nr. 388/803 x)	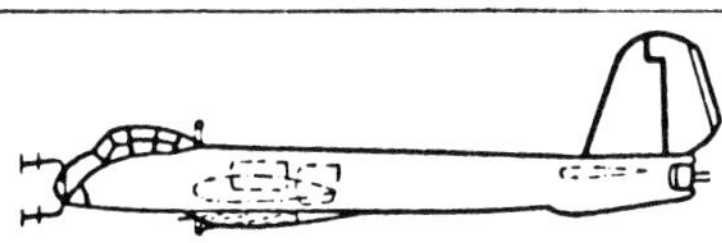	9-8213 D mit Jumo 213 E	in H = 10,2 km Tag: 617 Nacht: 585	in H = 9,2 km 2230 2040	12500 12050	10050 10140	13110 13220

x) Nr. der Kobu Leistungsdatenblätter

JFM FTH-FN	Baumuster-Übersicht Ju 388 J-Zerstörer	F-388.00-02 Bl. 1 Dessau, den 14.6.44.

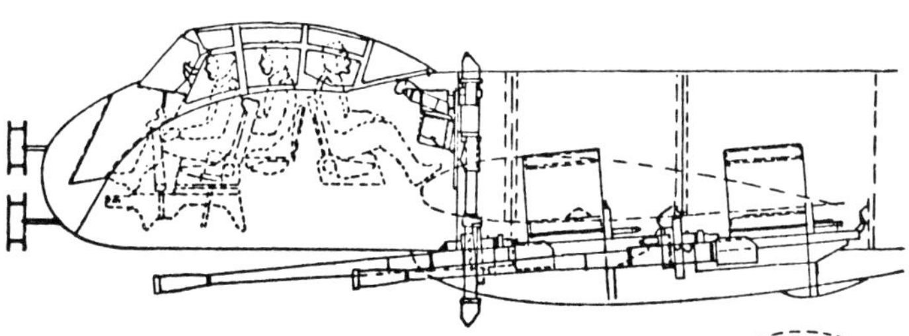

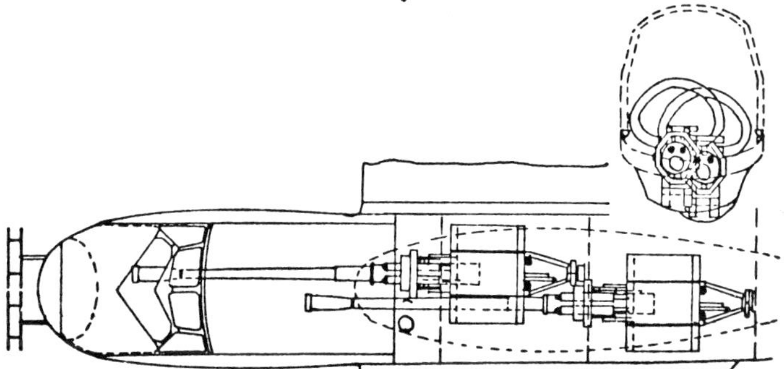

Baumuster Bezeichnung	Skizze	Motor und Triebwerks-Bezeichnung	V_{max} in H= km km/Std.	Errechnete Flugstrecke bei v_{Rmax} km	Dienst Gipfelhöhe bei G_m m	Rüst-gewicht kg	Abflug-gewicht kg
Ju 388 K-1 Nr. 388/809 x)	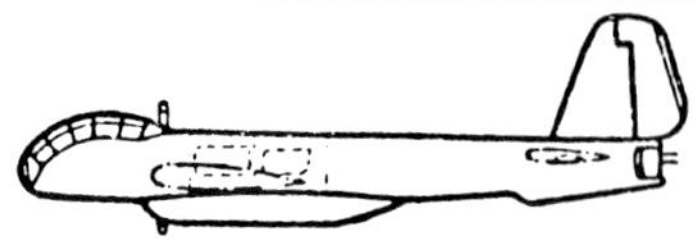	9-8801 J-0 mit BMW 801 G	in H= 11,6 km 610	in H= 11 km 1770	12850	10250	14275
Ju 388 K-2 Nr. 388/810 x)	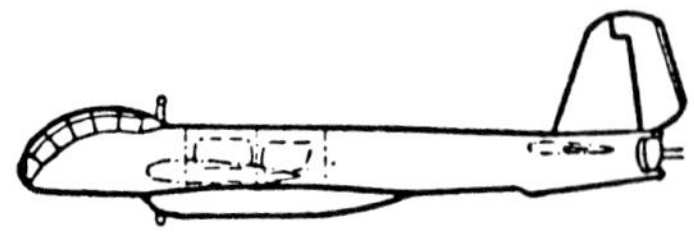	9-8222 A B mit Jumo 222 A/B	in H= 12 km 635	in H= 8 km 2080	11700	11215	16000
Ju 388 K-2 Nr. 388/811 x)	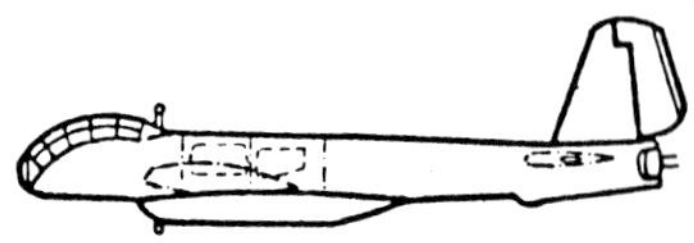	mit Jumo 222 E/F	in H= 11,5 km 695	in H= 11 km 1800	13500	11545	15930
Ju 388 K-3 Nr 388/812 x)	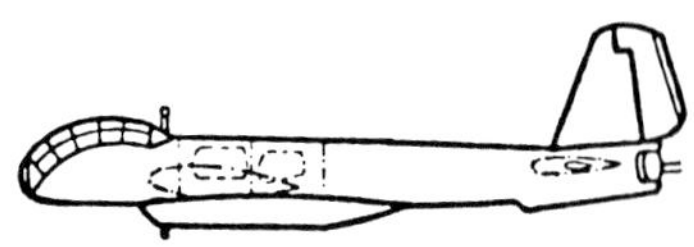	9-8213 D mit Jumo 213 E	in H= 10,2 km 593	in H= 9,2 km 2160	12450	10085	14400

Baumuster Bezeichnung	Skizze	Motor und Triebwerks Bezeichnung	v_{max} in H km km/Std	Errechnete Flugstrecke bei $v_{R\,max}$ km	Dienst-Gipfelhöhe bei G m m	Rüst-gewicht kg	Abflug-gewicht kg
Ju 388 L-1 Fern-Aufklärer Nr 388/813 x)	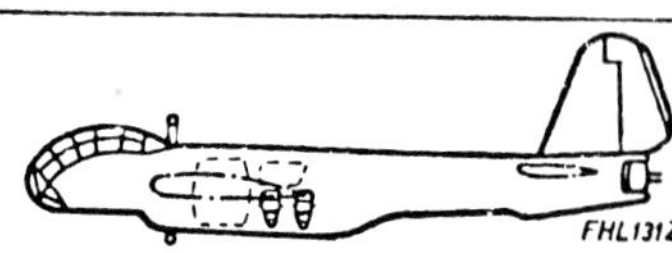	9-8801 J-0 mit BMW 801 G	In H= 11,6 km 620	In H = 11 km 3100	12800	10150	13890
Ju 388 L-2 Fern-Aufklärer Nr 388/814 x)	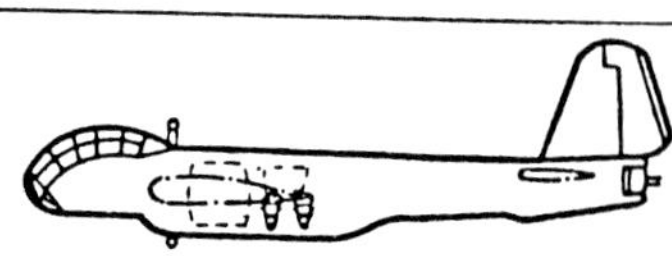	9-8222 A/B mit Jumo 222 A/B/3	In H= 7,2 km 650	In H= 8 km 2860	11800	11225	14840
Ju 388 L-2 Fern-Aufklärer Nr 388/815 x)	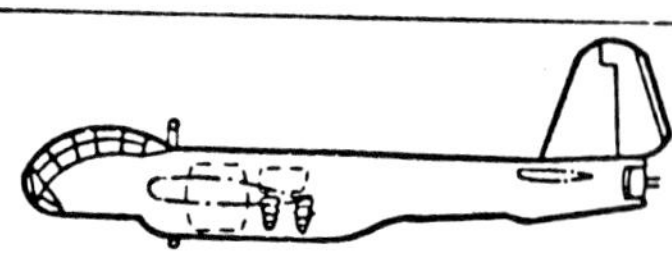	mit Jumo 222 E/F	In H= 11,5 km 712	In H= 11 km 2450	13500	11565	15180
Ju 388 L-3 Fern-Aufklärer Nr 388/816 x)	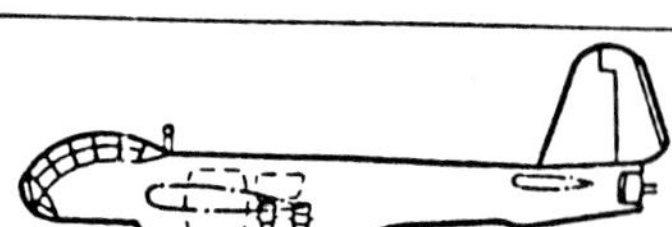	9-8213 D mit Jumo 213 E	In H= 10,2 km 608	In H= 9,2 km 3150	12400	10060	13675

JFM FTH-FN	Baumuster-Übersicht Ju 388 K-L	F-388.00-02 Bl.3 Dessau, den 2.8.44.

Die erste Ju 388 entstand durch Umbau aus Ju 188 E-1.

◀ Baumuster-Übersicht Ju 388 K-L.

Die Ju 388 V1, DW+YY, hatte als einzige Bewaffnung einen Waffentropfen WT 131 Z unter dem Rumpf.

Attrappe der Kabine der Ju 388 J. Zur Zeit des Baus war nur das »Lichtenstein C 1« verfügbar, daher noch der alte Antenneneinbau.

Schaumodell der
Ju 388 J schon mit dem
»Großen Hirschgeweih«
des »Lichtenstein SN 2«.

Rumpfvorderteil der
Ju 388 J im Bau.

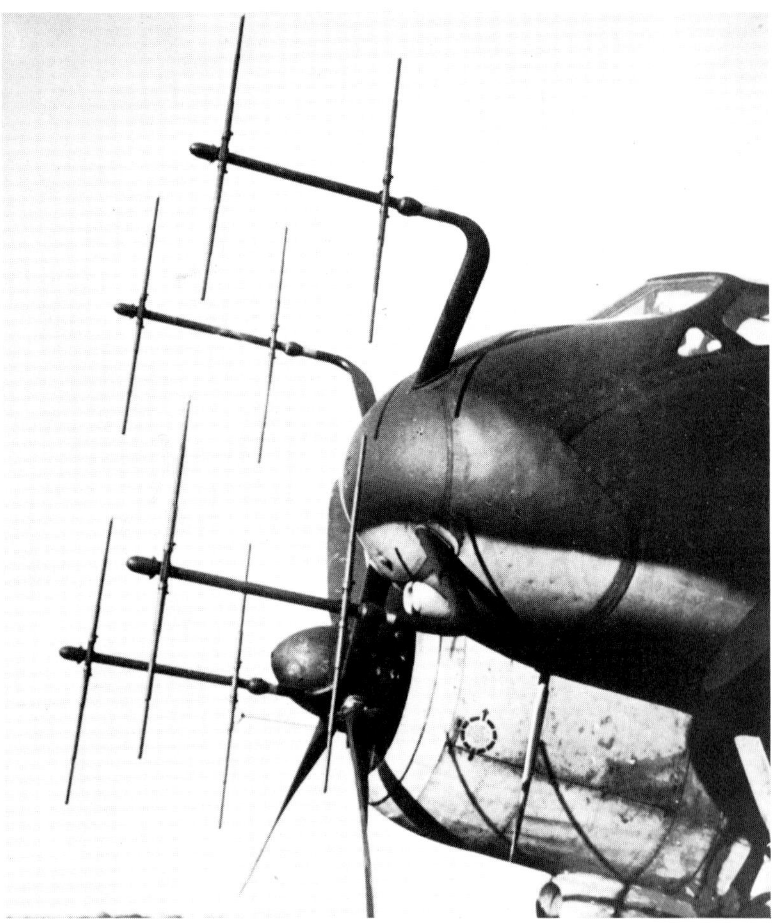

Der erste Höhen-Nachtjäger Ju 388 V2, Musterflugzeug der J-1-Serie. Links: Die Antennen des Ortungsgerätes »Lichtenstein SN 2«, das sogenannte »Große Hirschgeweih«.

Oben: Das Musterflugzeug des Höhenbombers Ju 388 K, die Ju 388 V3 im Bau. – Unten: Anordnung der Bordinstrumente beim Höhenbomber Ju 388 K. ▶

Führer
Beobachter
Tragfläche
rechts
Roll-
werk
Reise
Start
Landen
AUS
EIN
Heiz-
Gerät
kg/cm²

Zwei Aufnahmen der Ju 388 V3 während der Erprobung. Bei der mittleren Aufnahme ist die große Bombenwanne besonders gut zu erkennen.

Ju 388 L-1 vor Ablieferung an die Truppe in Bernburg.

Ju 388 L-1, Werk-Nr. 101, auf dem Flugplatz Brandis-Waldpohlenz bei Leipzig 1944.

Diese Ju 388 K-0 mit der US-Nummer FE 4010 (FE = Foreign Equipment) wurde ab 1945 längere Zeit bei der US-Air Force getestet.

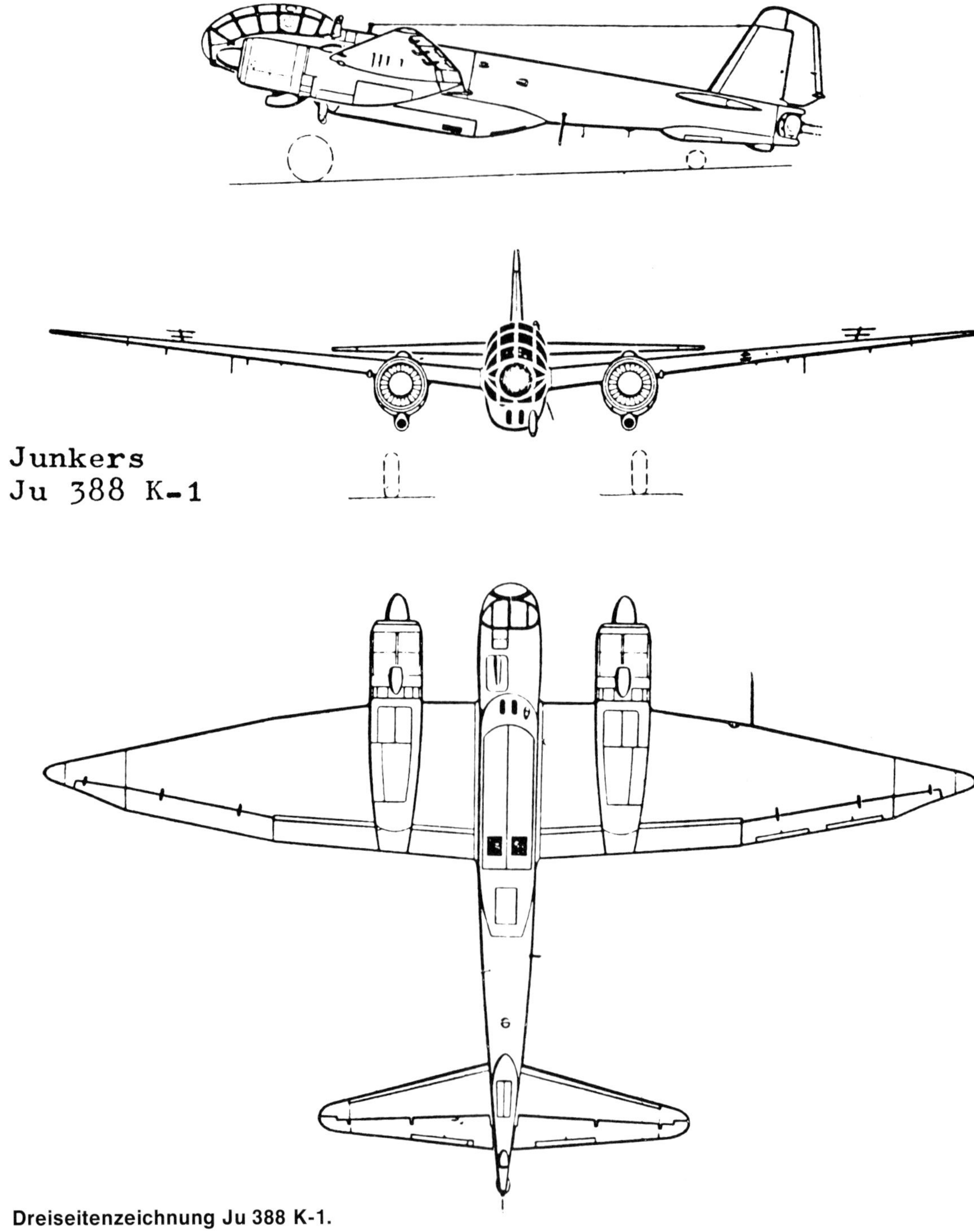

Dreiseitenzeichnung Ju 388 K-1.

5. Teil

Ju 488 und andere

Der Großbomber, der zu spät kam

Im Frühjahr 1944, als die Bomberfertigung bereits gedrosselt wurde und ein Baustopp für Bomber in Aussicht war, schlug Dipl. Ing. Ernst Zindel dem Technischen Amt noch einen viermotorigen schweren Langstreckenbomber als Antwort auf die alliierten schweren Bomber vor. Da die Zeit drängte, wollte Zindel dieses Flugzeug aus Baugruppen der Ju 88, 188, 288 und 388 zusammenstellen, so daß für diese Neuentwicklung ein Minimum an Aufwand für Konstruktion und Bau notwendig gewesen wäre. Von der Ju 388 K sollte das Rumpfvorderteil mit Druckkabine und die Außenflügel genommen werden, von der Ju 188 Rumpfmittelteil und Heck, von der Ju 88 A-15 bzw. Ju 388 K die Bombenwanne und das gesamte Heck mit FA 15/MG 131 Z von der Ju 288 C. Die Maschine sollte vier Einzelfahrwerke von der Ju 188 erhalten. Man brauchte also nur ein neues Tragflächenmittelstück und ein paar Rumpfbaugruppen neu zu entwickeln. Da die Junkers-Werke durch Bombenangriffe teilweise außer Gefecht gesetzt waren und infolgedessen die Produktionskapazität sehr eingeengt war, sollte der neue Bomber in Frankreich bei Latécoère gebaut werden, so wie der viermotorige schwere Bomber He 274 von Heinkel bei Farman. Etwa Mai 1944 wurde in Toulouse mit dem Bau der beiden Musterflugzeuge Ju 488 V401 und Ju 488 V402 begonnen. Als am 6. Juni 1944 die Landung der Alliierten in der Normandie erfolgte, war man sich in Dessau bald klar, daß es schwierig sein würde, den neuen Flugzeugtyp fertigzustellen, zumal die Franzosen die Arbeiten verzögerten, wo sie nur konnten, ohne direkt Sabotage zu treiben. Man muß den Optimismus der Junkers-Leute bewundern, die trotz der militärischen Ereignisse in Frankreich noch vier weitere Musterflugzeuge bei Latécoère in Auftrag gaben. Anfang Juli 1944 standen in Toulouse die beiden Rümpfe der V401 und V402 nebst Tragflächenmittelstücken zum Bahntransport nach Bernburg, wo die Endmontage erfolgen sollte, bereit. Aber die »Résistance« hatte nur auf diesen Augenblick gewartet. In der Nacht vom 16. zum 17. Juli 1944 gelang es einem Sabotagetrupp unter Führung eines gewissen Ellissade, Sprengladungen unter den beiden Rümpfen so geschickt anzubringen, daß nach der Explosion an einen Transport nach Deutschland nicht mehr zu denken war. Aber die Junkers-Leute wollten nicht aufgeben. Trotz des Vorrückens der Alliierten in Frankreich und wachsender Luftüberlegenheit des Gegners wurde die Arbeit an den weiteren vier Musterflugzeugen fortgesetzt, bis im November 1944 GL/C den Abbruch des Ju 488-Programms befahl.

Während der ganzen Zeit hatten Verhandlungen des RLM mit der japanischen Militärmission in Deutschland über die Lizenzvergabe der Ju 488 an Japan stattgefunden. Japan war an einem schweren Langstreckenbomber besonders interessiert, da der viermotorige Bomber G-5 N-1 »Shinzan« von Nakajima ein Fehlschlag geworden war und die Entwicklung des neuen Entwurfs G-8 N-1 so langsam vor sich ging, daß die erste Versuchsmaschine erst im Oktober 1944 zum Erstflug starten konnte. So war der Entwurf der Ju 488 den Japanern gerade recht. Die Unterlagen für die Ju 488 wurden den Japanern mit einem Leistungsstand per 27. Juli 1944 übergeben, der den Einbau des unglückseligen Jumo 222 vorsah. Die kriegerischen Ereignisse verhinderten aber, daß die Unterlagen nach Japan gelangten. So endete der letzte Versuch Deutschlands, einen schweren Langstreckenbomber zu bauen.

Werkszeichnung Ju 488. ▶

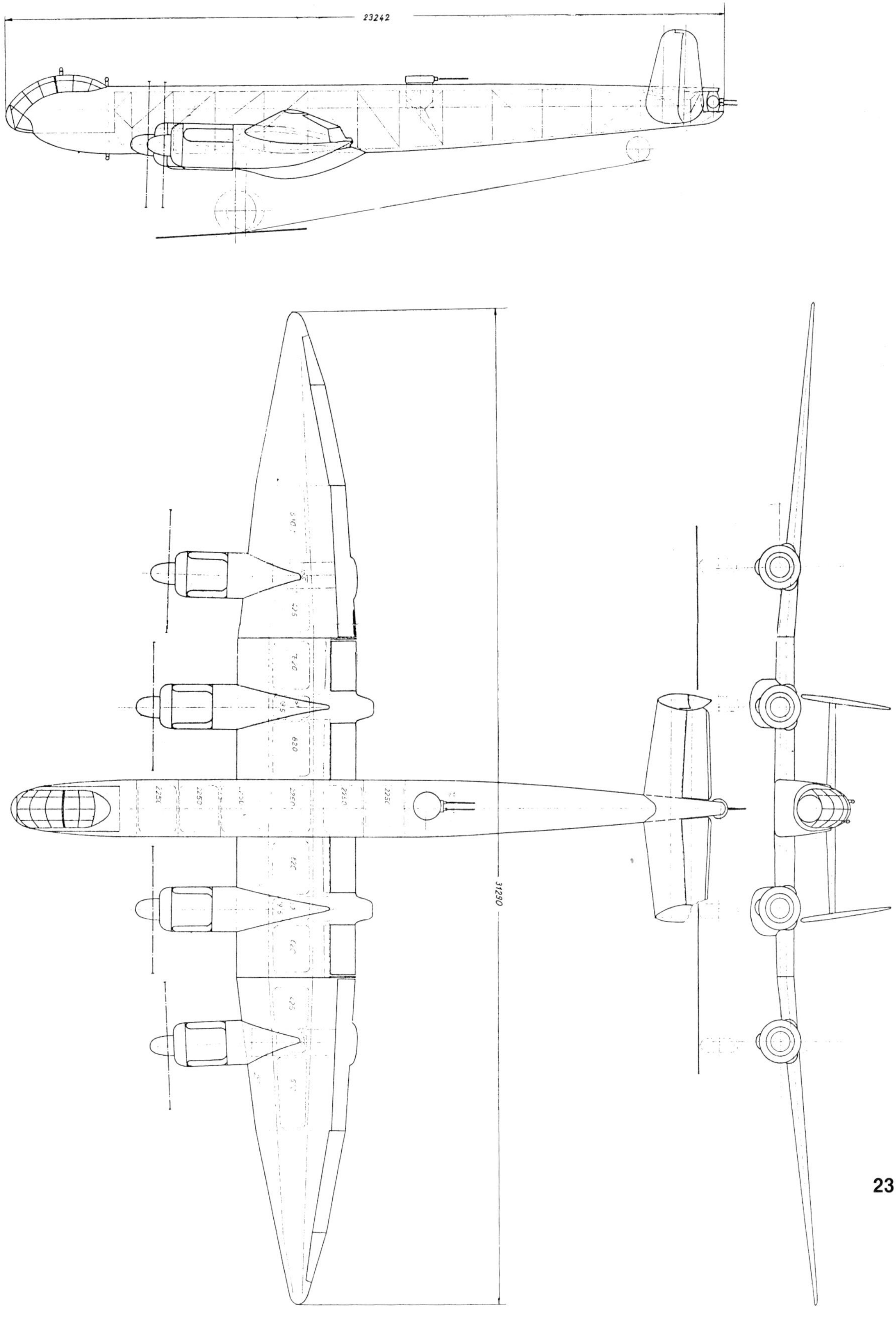
23242
31290

Das »Mistel«-Programm

Als »Mistel«-Schlepp wurde das Verfahren bezeichnet, einen unbemannten Bomber mit einem daraufgesetzten Jagdflugzeug zu verbinden. Anstelle des Besatzungsraums erhielt der Bomber einen Sprengkopf. Das ganze Gespann, im Dienstgebrauch als »Beethoven-Gerät« bezeichnet, wurde von dem im Jäger befindlichen Piloten gesteuert, der auch die Triebwerke des Bombers überwachen konnte. Nach der Einleitung des Zielanflugs löste sich der Jäger vom Bomber, der nun zur fliegenden Bombe wurde. Als erste Versuchsanordnung wurde eine Ju 88 A-4 für diesen Zweck umgebaut. Als Leitflugzeug diente eine Bf 109 F. Die Versuche verliefen so erfolgreich, daß eine kleine Vorserie in dieser Anordnung gebaut wurde.

Die ersten Einsätze erfolgten Anfang Juni 1944 während der Invasion der Alliierten in der Normandie und hatten so gute Ergebnisse, daß GL/C nunmehr einen Serienauftrag erteilte. Die Unterteile mit dem Tragbock für den Jäger sollte die Junkers-Werft Leipzig (FWL) bauen. Den Einbau der Sprengladungen sollte die Luftwaffe selbst in Nordhausen vornehmen. Der erste Serienauftrag lautete über 75 Flugzeuge, es folgte ein weiterer über fünfzig. Allerdings sollten keine Ju 88 A-4 für diesen Zweck verwendet werden, sondern Ju 88 G-1. Tatsächlich sind auch noch einige Ju 88 H-2 umgebaut worden. Es wurden aber keine neuen Flugzeuge verwendet, sondern sogenannte Zustand III-Maschinen. Zustand III bedeutete beschädigte, aber instandsetzungswürdige Maschinen. Fabrikneue Flugzeuge waren Zustand I, reparierte Zustand II und Schrottflugzeuge Zustand IV. Aus allen Werften und Reparaturwerken wurden die Ju 88 G-1 nach Leipzig gebracht. Die Werft Leipzig hat trotz Betriebsstörungen durch Luftangriffe und Ersatzteilschwierigkeiten die ersten 75 Flugzeuge termingemäß nach Nordhausen abgeliefert. Die ganze Aktion, an der auch der Verfasser beteiligt war, lief unter dem Namen »Mistel-Programm«.

Zum Einsatz sind die Aggregate nur zum geringen Teil gekommen. Der letzte dem Verfasser bekannte Einsatz fand im Osten gegen die Oderbrücken statt. Die zweite Bestellung über 50 Maschinen wurde auch noch fast fertiggestellt. Der größte Teil der Maschinen wurde auch noch nach Nordhausen abgeliefert. Die letzten Maschinen standen noch auf dem Flugplatz Leipzig-Mockau, als die amerikanischen Truppen sich Leipzig näherten. Wenige Tage vor dem Einmarsch der Amerikaner in Leipzig konnte der Verfasser dann selbst beobachten, wie etwa ein Dutzend Lockheed »Lightnings« im Tiefflug den Platz angriffen und alle noch dort stehenden Maschinen, darunter auch die letzten Mistel-Unterteile, mit Bordwaffen zusammenschossen. Von den bereits abgelieferten Maschinen sind etwa fünfzig nahezu unbeschädigt in alliierte Hände gefallen.

Mistel I: Bf 109 G-2 + Ju 88 C-6.

Mistel I: Bf 109 F-4 + Ju 88 A-4 mit Voreilzünder.

Mistel 2: Fw 190 F-8 + Ju 88 G-1, 1945 in Oranienburg bei der 2./KG 30.

Merseburg 1945: Mistel 2-Aggregate der sehr seltenen Kombination Fw 190 F-8 + Ju 88 H-2.

Mistel-Unterteil Ju 88 A-4 in Farnborough 1946.

Mistel-Unterteil Ju 88 H-2.

Farnborough 1946: Mistel 2, Fw 190 F-8 + Ju 88 A-6/U.

Gesamtübersicht Ju 85/88/ 188/288/388/488

Ju 85	A		Projekt Schnellbomber, Bug wie Ju 88 V1, nur Attrappe
	B		Projekt Schnellbomber, Bug ähnlich wie Ju 88 B, nur Attrappe
Ju 88	V1	D-AQEN	Musterflugzeug, Schnellbomber, 2 x DB 600 A, 3 Mann
	V2	D-AREN	ähnlich V1
	V3	D-ASAZ	Produktionsmuster, Schnellbomber, 2 x Jumo 211A, 3 Mann, 1 MG 15,
	V4		neue Kanzel, sonst wie V3, 4 Mann, 3 MG 15
	V5	D-ATYU	Rekordflugzeug, 2 x Jumo 211B-1, 2 Mann
	V6	D-ASCY	Musterflugzeug für A-1 Serie, ähnlich V4
	V8	WL-008	ähnlich V6 mit Änderungen
	V9	WL-009	ähnlich V8 mit Änderungen
	V10		Versuchsmuster für Truppenerprobung 3.2.39
	A-0		Sturzbomber, 2 x Jumo 211B-1, 4 Mann, 3 MG 15, 1000 kg Bomben, 10,2 t
	A-1		ähnlich A-0, aber 4 MG 15, 1800 kg Bomben, 12,5 t
	A-2		wie A-1, aber Zusatzeinrichtung für Startraketen
	A-3		Umbau aus A-1, Schulflugzeug mit Doppelsteuerung, 3 Mann
	A-4		vergrößerte Spannweite, 4–5 MG, 2400–3600 kg Bomben, 2 x Jumo 211 J, mit fast ausschließlich Junkers VS 11 Verstell-Luftschrauben aus Holz, Großserie
	A-4	trop.	Tropenausführung, wurde A-11
	A-4	Torp.	Torpedoflugzeug, Umbau mit Änd.-Satz. 1097
	A-5		Vorgänger von A-4, 2 x Jumo 211 G, vergr. Spannweite
	A-6		ähnlich A-5, aber mit Ballonseil-Schneidgerät. Später Umbau zum See-Aufklärer mit FuG 200 Hohentwiel, keine Bodenwanne
	A-7		Schulflugzeug mit Doppelsteuerung aus A-4, ohne Waffen. Jumo 211 H
	A-8		ähnlich A-4, Jumo 211 H, Kuto-Nase für Sperrseilschnitt
	A-9		wie A-1, aber mit Tropenausrüstung
	A-10		wie A-5, aber mit Tropenausrüstung
	A-11		Serienausführung der A-4trop
	A-12		Schulflugzeug aus A-4, ohne Bodenwanne, ohne Waffen
	A-13		Schlachtflugzeug mit Panzerung aus A-4, Bewaffnung maximal 16 MG 17, 500 kg Splitterbomben
	A-14		Bomber für Schiffsbekämpfung, ohne Sturzflugbremsen, stärkere Panzerung. Zusatz-MG/FF im Bug, Jumo 211 J
	A-15		Bomber mit Holz-Bombenwanne, 3000 kg Bomben, 3 Mann, 2 MG 15
	A-16		Schulflugzeug, Umbau aus A-14, ohne Bodenwanne, Doppelsteuerung
	A-17		Torpedoflugzeug ohne Bodenwanne, aus A-14, 3 Mann
	V-27	D-AWLN	Musterflugzeug für B-Serie, neue Kanzel, BMW 801
	B-0		nur 10 Flugzeuge als Fernerkunder, 4 Mann, 3 MG 81 Z
	V-25		Musterflugzeug für B-3-Serie
Ju 88	V7		Umbau aus A-0, Glattblechnase, Vorversuch für C-Serie, Reiseflugzeug
	C-1		Umbau aus A-1, Kanzel wie A-1, aber starr 3 MG 17, 1 MG/FF
	Z-15		Musterflugzeug für C-2-Serie, W. Nr. 0063, Waffen wie C-1
	Z-19		2. Musterflugzeug für C-2-Serie, W. Nr. 0373, Waffen wie Z-15, später zusätzlich 1 MG 151/20
	C-2		Zerstörer, Zelle aus A-1, Jumo 211 B-1, Glattblechnase mit 3 MG 17, 1 MG/FF, B-Stand MG 15, 500 kg Bomben im Rumpf
	C-3		Nur Versuchsmuster, ähnlich C-2 aber BMW 801

	C-4	Zerstörer, Nachtjäger, Zelle aus A-5, kleine Serie 1941, Jumo 211 G
	C-5	Zerstörer, Zelle aus A-5, aber BMW 801, Bug: 3 MG 17, 1 MG 151/20, Waffentropfen mit 2 MG 17 unter Rumpf, B-Stand 1 MG 15, nur Null-Serie
	C-6	Tag- und Nachtjäger, Zelle aus A-4, Jumo 211 J, Bug: 3 MG 17, 3 MG/FF, B-Stand 1 MG 15. Als Nachtjäger erst FuG 212 Lichtenstein in C 1, später FuG 220 Lichtenstein SN 2, teilweise „Schräge Musik" MG 151/20 Z. Triebwerk teilweise Jumo 211 H mit TK 11 a Höhenlader und FuG 227
	C-7	ähnlich C-6, aber 2 MG/FF in flacher Wanne statt Bodenwanne, Jumo 211 J, nur kleine Serie
	D-1	Fernerkunder aus A-4, keine Lastenträger, Rb 20/30 oder 50/30 im Rumpf-Lastenraum, Jumo 211 J, 3 MG 15, Serienbau
	D-2	W. Nr. 05, Umbau aus A-5, Musterflugzeug für alle D-Serien
	D-2	Fernerkunder ähnlich A-5, Jumo 211 G, Ausrüstung wie D-1, Serienbau
	D-3	ähnlich D-1, aber Tropenausrüstung
	D-4	ähnlich D-2, aber Tropenausrüstung
	D-5	ähnlich D-1, aber Jumo 211 G oder J, VDM-Schrauben statt Junkers VS 11; Ausrüstung wie D-1, Reichweite 3100 km. Serienbau, teilweise mit Tropenausrüstung
	V-30/1	Musterflugzeug für E-Serie, ähnlich B-0, Vorstufe für Ju 188
	E-0	Bomber, nur kleine Vorserie, wurde Ju 188 E
	F	Fernerkunder, wurde Ju 188 F
	V-35	Nachtjäger, Musterflugzeug für G-Serie, ähnlich C-6, aber ohne Bodenwanne, dafür flache Wanne mit 4 MG 151/20, Bug 2 MG 151/20, B-Stand 1 MG 131, FuG 220 Lichtenstein SN 2, BMW 801 D
	G-1	ähnlich V-35, aber vergrößertes Leitwerk wie Ju 188, Serienbau
	G-2	nur Projekt
	G-3	nur Projekt
	G-4	ähnlich G-1, aber zusätzlich FuG 227 Flensburg
	G-5	nur Projekt
	G-6	Nachtjäger ähnlich G-1, aber Jumo 213 A, „Schräge Musik" MG 151/20 Z, Funkausrüstung im Serienverlauf laufend verbessert, u. a. FuG 218 V/R
	G-7	Nachtjäger ähnlich G-6, erste Maschinen noch mit Ju 88 A-4-Flügel, dann Flächen wie Ju 188, Funkausrüstung im Serienverlauf laufend verbessert, FuG 228 Lichtenstein SN 3, FuG 240/1 Berlin N 1, FuG 217 R
	H-1	Langstreckenfernerkunder, Umbau aus D-1, Rumpflänge 17,88 m; nur 10 Maschinen. Reichweite 4680 km
	H-2	ursprünglich als G-10 Langstreckenzerstörer projektiert, dann Umbau aus G-1, Rumpflänge wie H-1. Bewaffnung wie G-1; 20 Maschinen
	J	wurde Ju 388
	K	wurde Ju 388
	L	wurde Ju 388
Ju 88	M	Nur Projekt
	N	Nur Projekt
	O	Nur Projekt
	P-0	Panzerjäger, nur Versuchsumbau aus A-4 in Bernburg, Jumo 211 J, 1 x 7,5 cm Pak 40 L/46 und 2 MG 81 Z
	P-1	ähnlich P-0, aber verbesserte Mündungsbremse, nur kleine Umbauserie in Merseburg
	P-2	Schwerer Jäger mit großer Waffenwanne unter Rumpf mit 2 x 3,7 cm Flak 36, versuchsweise bei Nachtjagd eingesetzt
	P-3	ähnlich P-2, aber Zusatzpanzerung für Panzerbekämpfung, nur wenige Maschinen bei Schlachtfliegerverbänden
	P-4	Panzerjäger mit 5 cm Pak 38 L/60, sonst wie P-2. Kleine Umbauserie aus A-4 in Merseburg
	Q	nicht geplant

	R-1		Nachtjäger, Zwischenlösung vor Serienanlauf G-1,Zelle wie C-6, BMW 801 MA, FuG 212 Lichtenstein C 1, kleine Serie
	R-2		Nachtjäger ähnlich R-1, BMW 801 D, FuG 212 und 202, kleine Serie
	S-0		Schnellbomber ähnlich V3, BMW 801 D, noch Bodenwanne wie A-4, A-Stand 1 MG 131, B- und C-Stände zusammen 3 MG 81, 800 kg Bomben
	S-1		ähnlich S-0, aber ohne Bodenwanne, nur MG 131 im B-Stand, BMW 801 G
	S-2		ähnlich S-1, aber Bombenwanne wie A-15, BMW 801 TJ, MG 81 Z starr nach hinten in Bombenwanne, B-Stand 1 MG 131
	S-3		ähnlich S-1, aber Jumo 213 E-1. Alle S-Versionen nur noch in kleiner Stückzahl fertiggestellt.
	T-1		Schneller Fernerkunder ähnlich S-1, B-Stand MG 131, Rb 20/30 oder 50/30 im Lastenraum
	T-2		nicht geplant
	T-3		Schneller Fernerkunder ähnlich S-3. Auch T-Versionen nur noch in kleiner Stückzahl fertiggestellt.
	V44	NF + FQ	wurde Ju 188 V1, Jumo 211 J
Ju 188	V1		Musterflugzeug für E-Serie, Bomber mit Sturzflugbremsen, BMW 801 D-2
	V2		Musterflugzeug für F-Serie, Fernerkunder ohne Sturzflugbremsen, BMW 801 D-2
	A-1		nicht gebaut
	A-2		Horizontalbomber, Jumo 213 A-1, 1 MG 151, 2 MG 131, 1 MG 81 Z, Bombenlast 3000 kg, Serienbau ab Sommer 1943
	A-3		Torpedobomber ähnlich A-2, versuchsweise auch mit LT 950
	C-01		Versuchsmuster für manuell und ferngesteuerten Heckstand
	D-1		Fernerkunder ähnlich A-2, keine Lastenträger, Rb im Rumpf
	D-2		ähnlich D-1, aber FuG 200 Hohentwiel für Seeaufklärung
	E-1		Erste Serienausführung mit BMW 801 MA, später D-2, Zelle wie A-2. Auslieferung ab Frühjahr 1942
	E-2		Torpedobomber entsprechend A-3, sonst wie E-1
	F-1		Fernerkunder ähnlich E-1, sonst wie D-1
	F-2		Fernerkunder wie F-1 aber BMW 801 G-2
Ju 188	G		nur Projekt
	H		nur Projekt
	J		wurde Ju 388
	K		wurde Ju 388
	L		wurde Ju 388
	M		nur Projekt
	N		nicht geplant
	O		nicht geplant
	P		nicht geplant
	Q		nicht geplant
	R-0		Nachtjäger, nur 3 gebaut, BMW 801 G-2, -01 und -02 mit 4 MG 151/20 -03 mit 2 MK 103
	S-1		Schnellbomber ohne Bewaffnung ähnlich A-2, kleine Serie
	S-1/U1		Panzerjäger mit 5 cm Pak 38 L/60, nur einzelne Maschinen 1944
	T-1		Schneller Fernerkunder ähnlich S-1, nur wenige Maschinen 1944
Ju 288	V1	D-AOTF	1. Versuchsbau, BMW 801, ohne Bewaffnung
	V2	D-ABWP	2. Versuchsbau, BMW 801, ohne Bewaffnung
	V3	BK + HS	3. Versuchsbau, BMW 801, 1 MG 151 im Heck
	V4	D-AACS	4. Versuchsbau, BMW 801, 1 MG 151 im Heck
	V5		5. Versuchsbau, Jumo 222 A/B, ohne Bewaffnung
	V6		1. Musterflugzeug für A-Serie, Jumo 222 A/B, ohne Bewaffnung vergrößerte Spannweite wie B
	V7		2. Musterflugzeug für A-Serie, BMW 801 D-2
	V8		3. Musterflugzeug für A-Serie, Jumo 222 A/B, B-Leitwerk, 3000 kg B.

	V9	VE + QP	1. Musterflugzeug für B-Serie, Jumo 222, MG 131 Z
	V10		2. Musterflugzeug für B-Serie, Jumo 222, MG 131 Z
	V11		3. Musterflugzeug für B-Serie, DB 606 A/B, 2 MG 81 Z, 2 MG 131
	V12		4. Musterflugzeug für B-Serie, Jumo 222 A/B, 2 MG 81 Z, 2 MG 131
	V13		5. Musterflugzeug für B-Serie, DB 606 A/B, Waffenerprobung
	V14	DF + CT	6. Musterflugzeug für B-Serie, Jumo 222 A/B, 2 MG 81 Z, 2 MG 131 Z
	V101		1. Musterflugzeug für C-Serie, DB 606 A/B, Waffen wie V14
	V102		2. Musterflugzeug für C-Serie, DB 606 A/B, Waffen wie V14
	V103	DE + ZZ	3. Musterflugzeug für C-Serie, DB 610, Waffen wie V14
	V104		4. Musterflugzeug für C-Serie, DB 610, ähnlich V103
	V105		5. Musterflugzeug für C-Serie, DB 610, ähnlich V103
	V106	DF + CZ	6. Musterflugzeug für C-Serie, DB 610, ähnlich V103
	V107	BS + CB	7. Musterflugzeug für C-Serie, DB 610, ähnlich V103
	V108		8. Musterflugzeug für C-Serie, DB 610, ähnlich V103
			Ein Serienbau der Ju 288 ist nicht erfolgt.
Ju 388	V1	DW + YY	Umbau aus Ju 188 F-1, BMW 801 TJ, WT 81 Z, Musterflugzeug für L-0
	V2		Musterflugzeug für J-Serie, BMW 801 TJ, 2 MG 151/20, 2 MK 103 starr, FA 15/MG 131 Z, FuG 220 Lichtenstein SN2, FuG 217 Neptun, Nachtjäger
	V3		Musterflugzeug für K-Serie, Höhenbomber, BMW 801 TJ, Bombenwanne FA 15/MG 131Z, 3000 kg Bomben
	V4		2. Musterflugzeug für Ju 388 J-1
	V5		3. Musterflugzeug für Ju 388 J-1
	J-1		ähnlich Ju 388 V3, aber ohne FA 15/MG 131 Z. Nicht mehr zum Einsatz gekommen.
	J-2		nicht mehr gebaut
	J-3		nicht mehr gebaut
	J-4		nicht mehr gebaut
	K-0		Höhenbomber wie Ju 388 V3, nur 10 gebaut
	K-1		ähnlich K-0, nur noch 4 gebaut
	K-2		nicht mehr gebaut
	K-3		nicht mehr gebaut
	L-0		Höhenfernerkunder wie Ju 388 V1, Umbau aus Ju 188
	L-1		Höhenfernerkunder ähnlich K-1, Rb-Geräte in Holzwanne, FA 15
	M-1		Torpedobomber für Einsatz von LT 950, nicht mehr fertiggestellt
Ju 488	V401		Schwerer Langstreckenbomber mit BMW 801 TJ
	V402		Schwerer Langstreckenbomber mit BMW 801 TJ
			Beide Maschinen bei Latécoère, Toulouse, im Bau und dort zerstört. 4 weitere Musterflugzeuge nicht mehr fertiggestellt.

Zeitplan des Junkers-Planungsbüros für die Ausbringung der Ju 88-Versuchsmaschinen 1935/46

Ju 88 V1	D-AQEN	Erstflug	21. 12. 1936	
V2	D-AREN	Erstflug	10. 4. 1937	
V3	D-ASAZ	Erstflug	13. 9. 1937	
V4		Erstflug	2. 2. 1938	
V5	D-ATYU	Erstflug	13. 4. 1938	Rekordflugzeug
V6	D-ASCY	Erstflug	18. 6. 1938	
V7		Erstflug	27. 9. 1938	Erstes C-Flugzeug
V8		Erstflug	3. 10. 1938	
V9		Erstflug	31. 10. 1938	Endgültiges Muster für A-Serie
V10		Erstflug	3. 2. 1939	
V11		Erstflug	Mai 1939	
V12		Erstflug	März 1939	
V13		Erstflug	Juni 1939	
V14		Erstflug	Dezember 1939	
V15 (Z-15)		Erstflug	Februar 1940	
V16 bis V22 im Laufe		des Jahres 1940 (V-19 = Z 19)		
V23		Erstflug	30. 7. 1940	Musterflugzeug für B-Serie
V24		Erstflug	26. 9. 1940	
V25		Erstflug	Oktober 1940	
V26		Erstflug	Dezember 1940	
V27		Umbau von B in E Juni 1941		
V43		Umbau von B in Ju 188 Herbst 1941		
V44		Umbau von B in Ju 188 Herbst 1941		

Die angegebenen Termine sind vorgegebene Termine der Planung. Die Einhaltung war nicht zu überprüfen.

Insgesamt wurden 16 036 Ju 88 und 188 gebaut, davon

	Ju 88			Ju 188	
	Bomber	Fernerkunder	Zerstörer/ Nachtjäger	Bomber	Fernerkunder
1939	69	—	—	—	—
1940	1816	330	62	—	—
1941	2146	568	66	—	—
1942	2270	567	257	165	—
1943	2160	394	706	301	105
1944	664	52	2518	—	432
1945	—	—	355	—	33
Gesamt	9125	1911	3964	466	570

Von der Ju 288 wurden nur 22 Versuchsmaschinen gebaut, von der Ju 388 etwa 25–30 Maschinen.

Markierungen der Luftwaffen-Einheiten, die mit Ju 88/188/388 ausgerüstet waren

Alle Luftwaffen-Flugzeuge, ausgenommen Jagdeinsitzer, hatten Markierungen an den Rumpfseiten, nicht immer auf und unter den Tragflächen, die eine Zahl und einen Buchstaben vor dem Balkenkreuz und je eine dahinter hatten. Die Symbole vor dem Kreuz gaben Geschwader oder Gruppe, die dahinter das einzelne Flugzeug der Einheit an.

Aufklärungs-Einheiten

Aufklärungs-Gruppe	10	T 1 +
Aufklärungs-Gruppe	11	unbekannt
Aufklärungs-Gruppe	14	5 F +
Aufklärungs-Gruppe	22	4 N +
Aufklärungs-Gruppe	33	8 H +
Aufklärungs-Gruppe	100	unbekannt
Aufklärungs-Gruppe	120	A 6 +
Aufklärungs-Gruppe	121	7 A +
Aufklärungs-Gruppe	122	F 6 +
Aufklärungs-Gruppe	123	4 U +
Aufklärungs-Gruppe	124	G 2 +
Aufklärungs-Gruppe	Ob. d. L.	unbekannt
Fern-Aufklärungs-Gruppe	1	unbekannt
Fern-Aufklärungs-Gruppe	2	unbekannt
Fern-Aufklärungs-Gruppe	3	unbekannt
Nah-Aufklärungs-Gruppe	1	unbekannt
Nah-Aufklärungs-Gruppe	2	unbekannt
Nah-Aufklärungs-Gruppe	12	unbekannt

Bomben-Geschwader

Kampfgeschwader (KG)	1	V 4 +
Kampfgeschwader (KG)	2	U 5 +
Kampfgeschwader (KG)	3	5 K +
Kampfgeschwader (KG)	4	5 J +
Kampfgeschwader (KG)	6	3 E +
Kampfgeschwader (KG)	25	4 D +
Kampfgeschwader (KG)	26	1 H +
Kampfgeschwader (KG)	30	4 D +
Kampfgeschwader (KG)	40	F 8 +
Kampfgeschwader (KG)	51	9 K +
Kampfgeschwader (KG)	54	B 3 +
Kampfgeschwader (KG)	60	P 1 +
Kampfgeschwader (KG)	66	Z 6 +
Kampfgeschwader (KG)	76	F 1 +
Kampfgeschwader (KG)	77	3 Z +
Kampfgeschwader (KG)	100	6 N +
Kampfgeschwader (KG)	200	A 3 +
Kampf-Gruppe	106	M 2 +
Kampf-Gruppe	506	S 4 +
Kampf-Gruppe	806	M 7 +
Lehrgeschwader (LG)	1	L 1 +

Zerstörer-Einheiten

Zerstörer-Geschwader	1, III. Gruppe	2 J +
Zerstörer-Geschwader	26, I. Gruppe	U 8 +
Zerstörer-Geschwader	26, II. Gruppe	3 U +

Nachtjagd-Einheiten

Nachtjagdgeschwader	1	G 9 +
Nachtjagdgeschwader	2	4 R / R 4 +
Nachtjagdgeschwader	3	D 5 +
Nachtjagdgeschwader	4	3 C +
Nachtjagdgeschwader	5	C 9 +
Nachtjagdgeschwader	6	2 Z +
Nachtjagdgeschwader	7	D 9 +
Nachtjagdgruppe	10	D 9 +
Nachtjagdgeschwader	100	W 7 +
Nachtjagdgeschwader	101	9 W +
Nachtjagdgeschwader	102	7 J +
Nachtjagdgeschwader	200	unbekannt
Nachtjagdstaffel Norwegen		D 9 + u. B 4 +

Schlachtgruppen

Nacht-Schlachtgruppe	30	unbekannt

Einheiten der Luftwaffe, die am 20. 9. 1942 mit der Ju 88 ausgerüstet waren

Die Zahl vor der Klammer gibt die Soll-Stärke, die eingeklammerte die Iststärke an.

Kampf-Verbände

Luftflotte Ost				
Kampfgeschwader 1	Stab		3 (2)	
	I. Gruppe		33 (21)	
	II. Gruppe		26 (10)	
	III. Gruppe		28 (18)	
Kampfgeschwader 3	Stab		2 (2)	
	I. Gruppe		24 (15)	
	II. Gruppe		19 (15)	
	III. Gruppe		24 (13)	
Kampfgeschwader 6	III. Gruppe		24 (18)	
Kampfgeschwader 30	Stab		3 (2)	
	I. Gruppe		31 (30)	
	II. Gruppe		32 (26)	
	III. Gruppe		33 (26)	
Kampfgeschwader 76	I. Gruppe		24 (19)	
Luftflotte 2				
Kampfgeschwader 54	Stab	II. Fl. Korps	2 (1)	Catania (Sizilien)
	I. Gruppe	II. Fl. Korps	32 (14)	Gerbini (Sizilien)
	II. Gruppe	II. Fl. Korps	26 (15)	Gerbini (Sizilien)
	III. Gruppe	II. Fl. Korps	31 (9)	Catania (Sizilien)
Kampfgeschwader 77	Stab	II. Fl. Korps	2 (2)	Comino (Sizilien)
	I. Gruppe	II. Fl. Korps	33 (14)	Catania/Comino (Sizilien)
	II. Gruppe	X. Fl. Korps	28 (13)	Tympakion (Kreta)
	III. Gruppe	X. Fl. Korps	28 (12)	Tympakion (Kreta)
Lehrgeschwader 1	Stab	X. Fl. Korps	2 (2)	Heraklion (Kreta)
	I. Gruppe	X. Fl. Korps	31 (16)	Heraklion (Kreta)
	II. Gruppe	X. Fl. Korps	30 (19)	Heraklion (Kreta)
	12. Staffel	Fl. F. Afrika	14 (5)	Barce/Derna
Luftflotte 3				
Kampfgeschwader 6	Stab		1 (1)	
	I. Gruppe		25 (12)	
	II. Gruppe		28 (20)	
	14. Staffel		3 (2)	**Ju 86 P**
Kampfgeschwader 40	13. Staffel		10 (6)	
Luftflotte 4				
Kampfgeschwader 51	Stab		1 (1)	
	II. Gruppe		18 (10)	
Kampfgeschwader 76	Stab		3 (3)	
	II. Gruppe		39 (18)	
	III. Gruppe		35 (18)	

Luftflotte 5

Keine Kampfverbände mit Ju 88

Aufklärungsverbände

Luftflotte Ost

4. (F) Staffel Aufkl. Gr. 11		8 (7)
4. (F) Staffel Aufkl. Gr. 14		6 (6)
1. (F) Staffel Aufkl. Gr. 22		11 (8)
2. (F) Staffel Aufkl. Gr. 22		7 (5)
3. (F) Staffel Aufkl. Gr. 22		12 (8) u. einige Bf 110
1. Staffel Aufkl. Gr. Ob. d. L.		7 (3)
3. Staffel Aufkl. Gr. Ob. d. L.		6 (6) u. einige Bf 109
4. (F) Staffel Aufkl. Gr. 121		6 (3)
5. (F) Staffel Aufkl. Gr. 122		12 (8)

Flieger-Führer Afrika

1. (F) Staffel Aufkl. Gr. 121	Fuka, Derna	10 (5)

Luftflotte 2

1. (F) Staffel Aufkl. Gr. 122	Catania	17 (6) II. Fl. Korps
2. (F) Staffel Aufkl. Gr. 123	Kastelli	15 (7) X. Fl. Korps auch Ju 86 P
8. (F) Staffel Aufkl. Gr. 122	Trapani	3 (1) Ob. Süd
2. (F) Staffel Aufkl. Gr. 122	Trapani	11 (8) Ob. Süd

Luftflotte 3

1. (F) Staffel Aufkl. Gr. 33		12 (8)
3. (F) Staffel Aufkl. Gr. 33		8 (3)
1. (F) Staffel Aufkl. Gr. 123		verschiedene Baumuster
3. (F) Staffel Aufkl. Gr. 123		18 (9)

Luftflotte 4

3. (F) Staffel Aufkl. Gr. 10		7 (5)
2. Staffel Aufkl. Gr. Ob. d. L.		10 (7)
3. (F) Staffel Aufkl. Gr. 121		11 (5)
4. (F) Staffel Aufkl. Gr. 122		8 (4)

Luftflotte 5

1. (F) Staffel Aufkl. Gr. 120	Norwegen	14 (10) u. einige Fw 200
1. (F) Staffel Aufkl. Gr. 124	Finnland	11 (8) u. einige Bf 110
Führerkette AOK Lappland		7 (3) u. einige Fi 156

Zerstörer- und Nachtjagdverbände

10. Staffel ZG 26 Lu. Fl. 2	Barce-Derna (Afrika)	11 (6)
12. Staffel LG 1 Lu. Fl. 2	Barce-Derna (Afrika)	14 (5) u. einige Do 17's
Staff NJG 2 Lu. Fl. 3	Frankreich	3 (2)
IV. Group NJG 3 Mitte	Deutschland	37 (20) u. einige Do 217 J's

Flugzeugtyp		Ju 88 A-1	A-5	A-4	A-15	B-0	C-4	C-6	D-1
Zweck		Bomber	Bomber	Bomber	Bomber	Aufklärer	Zerstörer	Nachtjäger	Fern- erkunder
Besatzung		4	4	4	3	4	3	3	4
Triebwerk		Jumo 211 B-1	Jumo 211 G-1	Jumo 211 J	Jumo 211 J	BMW 801 MA	Jumo 211 F	Jumo 211 J	Jumo 211 B
PS		2 x 1175	2 x 1200	2 x 1410	2 x 1410	2 x 1560	2 x 1420	2 x 1410	2 x 1175
Spannweite	m	18,25	20,08	20,08	20,08	20,08	20,08	20,08	20,08
Länge	m	14,35	14,45	14,36	14,36	14,45	14,96	14,96	14,36
Höhe	m	5,30	5,07	5,07	5,07	4,45	5,07	5,07	5,07
Flächeninhalt	qm	52,5	54,7	54,7	54,7	54,7	54,7	54,7	54,7
Rüstgewicht	kg	7250	8050	8550	9000	9100	8000	8100	8480
Fluggewicht	kg	10360	12450	12000-14000	12800	12470	11350	11450	11490
Bombenlast	kg	2500	2500	2400-3600	3000	2500	–	–	–
Höchstgeschw.	km/h	450	475	440	410	540	495	500	475
Reisegeschw.	km/h	370	370	385	370	510	485	490	425
Landegeschw.	km/h	140	140	140	140	175	140	145	140
Gipfelhöhe	m	9350	8500	8500	8250	9050	8600	8800	8600
Reichweite	km	1500	2950	2500	2000	2850	3050	2950	2950
Startstrecke	m	–	1150	1800	1800	750	870	875	875
Ausrüstung		FuG 16, FuG 25	wie A-1	wie A-1	wie A-1	wie A-1	wie A-1	SN 2	wie A-1
Bewaffnung		3–4 MG 15	5 MG 15	5 MG 81 evtl. 1 MG 131	2 MG 15	3 MG 81Z	1 MG/FF 3 MG 17 1 MG 15	3 MG 17 3 MG 151/20 1 MG 81Z	3 MG 15 2 Rb

Flugzeugtyp		Ju 88 D-5	R-2	G-1	G-6	G-7	H-1	P-4	T-1
Zweck		Fern- erkunder	Nachtjäger	Nachtjäger	Nachtjäger	Nachtjäger	Fern- erkunder	Schlacht- flugzeug	Fern- erkunder
Besatzung		4	3	3	3	3	3	3	3
Triebwerk		Jumo 211 J	BMW 801 D-2	wie R-2	Jumo 213 A	Jumo 213 E	BMW 801 D-2	Jumo 211 J-2	BMW 801 G
PS		2 x 1410	2 x 1700	2 x 1700	2 x 1750	2 x 1750	2 x 1700	2 x 1420	2 x 1700
Spannweite	m	20,08	20,08	20,08	20,08	22,00	19,95	20,08	20,08
Länge	m	14,45	14,96	15,50	15,50	15,50	17,65	–	14,84
Höhe	m	5,07	5,07	5,07	5,07	5,07	5,07	5,07	5,07
Flächeninhalt	qm	54,7	54,7	54,7	54,7	56,0	54,7	54,7	54,7
Rüstgewicht	kg	–	–	–	–	–	–	–	–
Fluggewicht	kg	11300	11500	12100	12400	13120	–	11400	12215
Bombenlast	kg	–	–	–	–	–	–	–	–
Höchstgeschw.	km/h	480	580	540	580	643	445	390	640
Reisegeschw.	km/h	430	510	480	510	590	410	370	570
Landegeschw.	km/h	140	160	165	170	175	140	140	175
Gipfelhöhe	m	8700	9200	9400	9550	9800	8500	8000	9800
Reichweite	km	3100	3000	2800	2200	2220	5150	2000	1090
Startstrecke	m	1150	750	750	720	700	1250	1300	700
Ausrüstung		FuG 16, FuG 25	FuG 220	FuG 220	FuG 220, 227	FuG 220, 228 teilw. 240	FuG 200, 3 Rb	FuG 16, 25	FuG 16, 25
Bewaffnung		z. T. FuG 200 3 Rb 2 MG 17, 2 MG 81	4 MG 151/20 1 MG 81 Z	6 MG 151/20 1 MG 131	6 MG 151/20 1 MG 131	6 MG 151/20 1 MG 131	2 MG 131 WTZ 81	2 MG 81 Z	3 Rb 2 MG 131

Flugzeugtyp		Ju 188 F-1	Ju 188 A-2	Ju 288 A	Ju 288 B	Ju 288 C	Ju 388 L-0	Ju 388 K-1	Ju 488
Zweck		Fern-erkunder	Bomber	Bomber	Bomber	Bomber	Fern-erkunder	Bomber	Bomber
Besatzung		4	4	3	4				
Triebwerk		BMW 801 D-2	Jumo 213 A	Jumo 222 A/B	DB 606 A/B	DB 610 A/B	BMW 801 TJ	BMW 801 TJ	Jumo 222 A/B
PS		2 x 1700	2 x 1775	2 x 1800	2 x 2080	2 x 2500	2 x 1810	2 x 1810	4 x 2500
Spannweite	m	22,00	22,00	22,00	22,60	22,60	22,00	22,00	31,29
Länge	m	14,95	14,95	16,60	18,12	18,45	15,20	15,20	23,24
Höhe	m	4,45	4,45	4,58	5,00	5,0	–	–	7,10
Flächeninhalt	qm	56,0	56,0	60,0	64,70	64,70	56,00	56,00	88,00
Rüstgewicht	kg	9860	9920	11000	13600	–	–	–	21000
Fluggewicht	kg	14510	14500	17200/ 18500	20928	21815	13900	14700	36000
Bombenlast	kg	–	3000	3000	3000	3000	–	3000	15000
Höchstgeschw.	km/h	500	520	645	625	651	520	520	690
Reisegeschw.	km/h	395	400	565	545	520	495	490	622
Landegeschw.	km/h	175	175	180	175	175	175	175	–
Gipfelhöhe	m	9450	9500	10300	9300	10370	13100	13100	11350
Reichweite	km	1950	2400	3850	3600	2584	2500	2250	4360
Startstrecke	m	–	–	1050	1120	–	–	–	1140
Ausrüstung		FuG 200	FuG 200	?	?	?	FuG 217	FuG 217	?
Bewaffnung		1 MG 151/20 2 MG 131 1 MG 81 Z 1 MG 81 Z	1 MG 151/20 1 MG 151 1 MG 131	2 MG 81 2 MG 131 Z 1 MG 151	2 MG 131 Z 1 MG 151	3 MG 131 Z 1 MG 151	2 Rb 75/30 2 MG 131	2 MG 131	1 FDL 151 Z 1 FDL 131 Z

Das Ende: Ju 88 A-4 in Prag-Ruzyne 1945.

Beethoven-Gerät (auch „Vater und Sohn“ oder „Mistel“ genannt)

Ausgesteuertes, unbemanntes Flugzeug mit aufgesetztem Leitflugzeug (Jagdflugzeug)

Hersteller:	Junkers-Flugzeugwerke AG Dessau
Einsatzzweck:	ursprünglich: Bekämpfung hochwertiger, schwer und schwerstgepanzerter Seeziele, später: (geplant) Angriffe auf strategische Ziele, wie die wichtigsten Kraftwerke der Sowjetunion, dann zuletzt: Angriffe auf Weichsel- und Oderbrücken.
Das Gespann: besteht aus:	Ju 88 A-4 (Weiterentwicklung in Ju 88 G-1) Bf 109 F (Weiterentwicklung in FW 190 A-7/A-8)
Leistungsangaben:	Reiseleistung 455 km/h in 5000 m – Kampfleistung 485 km/h in 5000 m Technische Flugstrecke 675–710 km in 5000 m bei 455 km/h Flugdauer 1,6 h – Auftreffgeschwindigkeit rd. 600 km/h Rückflugstrecke Bf 109 oder Fw 190 rd. 800 km
Lösen des Jägers:	1000–3000 m vor Ziel
Kraftstoff:	Me 109 400 Ltr. normal, 300 Ltr. Abwurfbehälter = für Rückflug Ju 88 A-4 Tragflügel-Entnahmebehälter 2 x 415 Ltr. Tragflügelbehälter 2 x 425 Ltr. vorderer Rumpfbehälter 1220 Ltr. = vorwiegend zu Speisung der Me 109 hinterer Rumpfbehälter 680 Ltr.
Gewichte:	Ju 88 A-4 = 14,0 t Bf 109 F = 2,8 t, bzw. Fw 190 A-7/A-8
Fluggewicht:	16,8 t
Besatzung:	1 Mann
Zusätzliche Bauteile:	1. Patin-Dreiachsensteuerung mit Lagenaufschaltung für den gegebenen Zweck von Junkers geändert 2. TSA 1-Visier (Zeiss-Jena) 3. Hohlladung: SHL 3500 (davon 1700 kg Sprengstoff bestehend aus 70% Hexogen und 30% TNT) 4. Verbindungsgerüst für die beiden Flugzeuge
Zünder:	Abgeänderter Z 66; empfindlicher, magnetelektrischer Aufschlagzünder (allseitsaufschlagempfindlich). Schärfung erfolgt etwa 3 sec nach Trennung der Flugzeuge automatisch.

Ju 188 E-1 der französischen Marine-Luftwaffe 1947.

Anhang

Die Planung und die Schwierigkeiten des Anlaufs der Großreihenfertigung Ju 88

Plan der Großserienfertigung Ju 88 mit Jumo 211

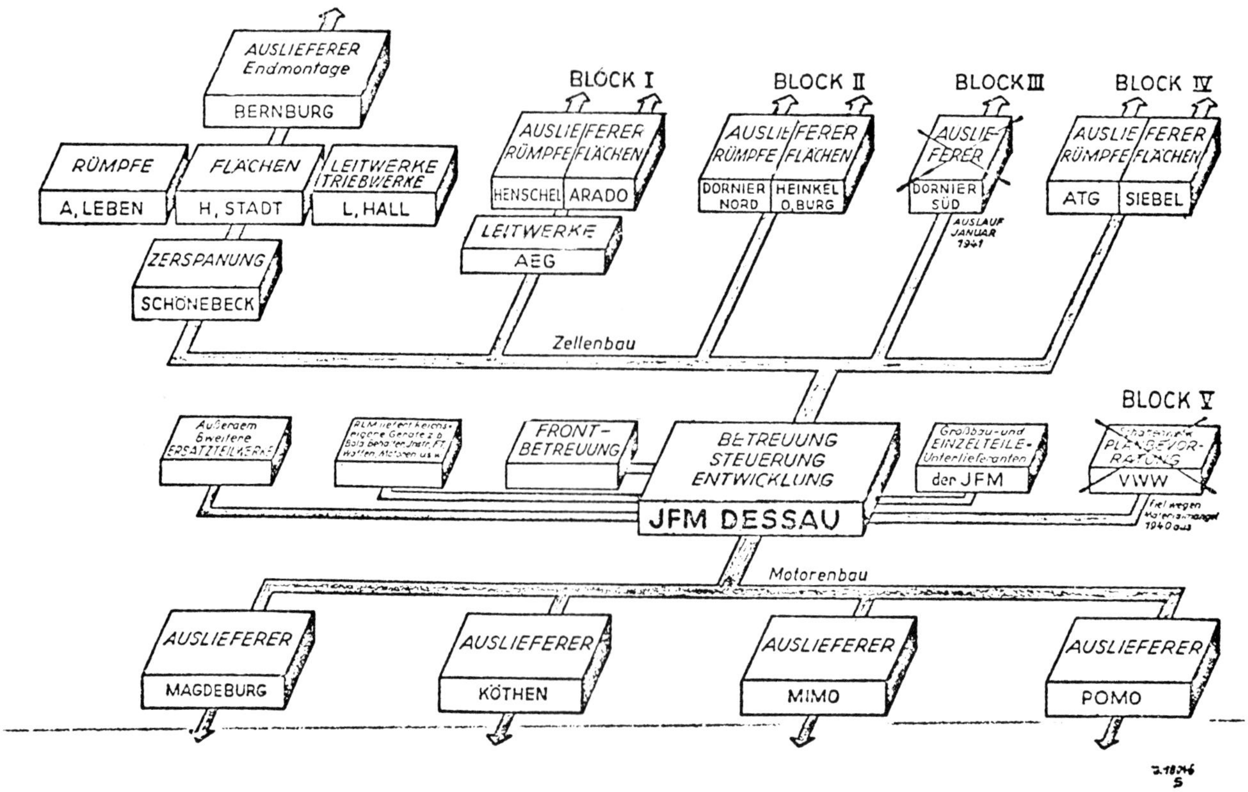

Jnanspruchnahme aller Reichsstellen und deren Beauftragte zur Beschaffung von Rohmaterial

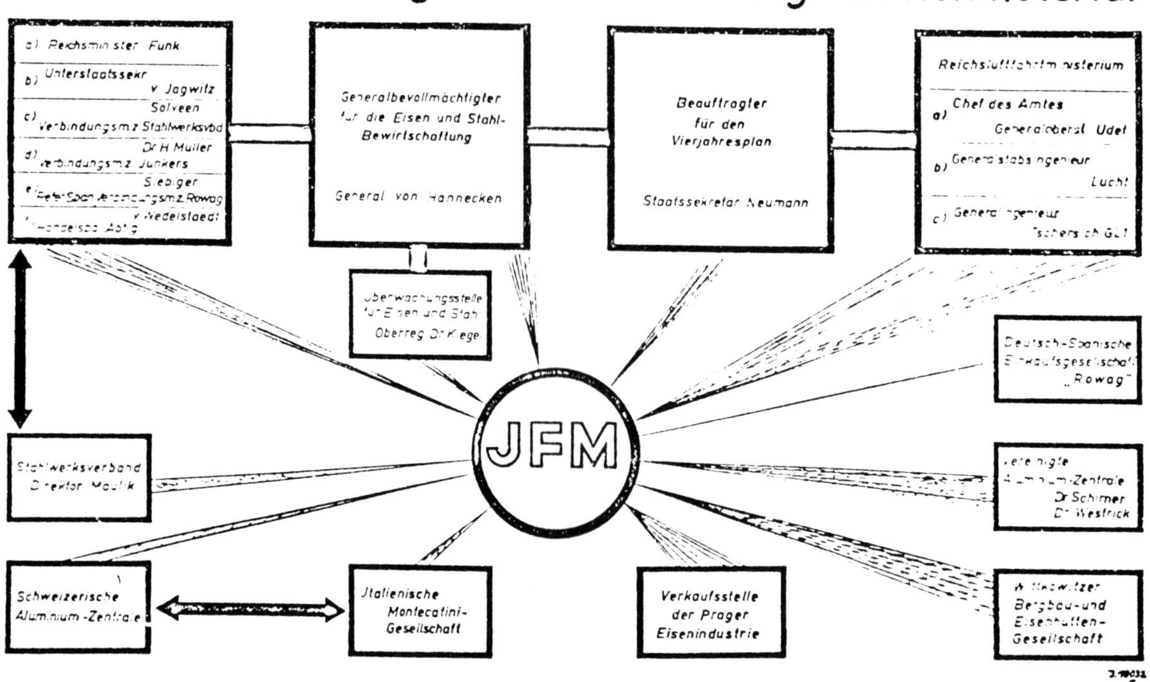

Engpässe an Menschen

Zur Programm Erfüllung fehlten 35000 Menschen, darunter 16000 Facharbeiter

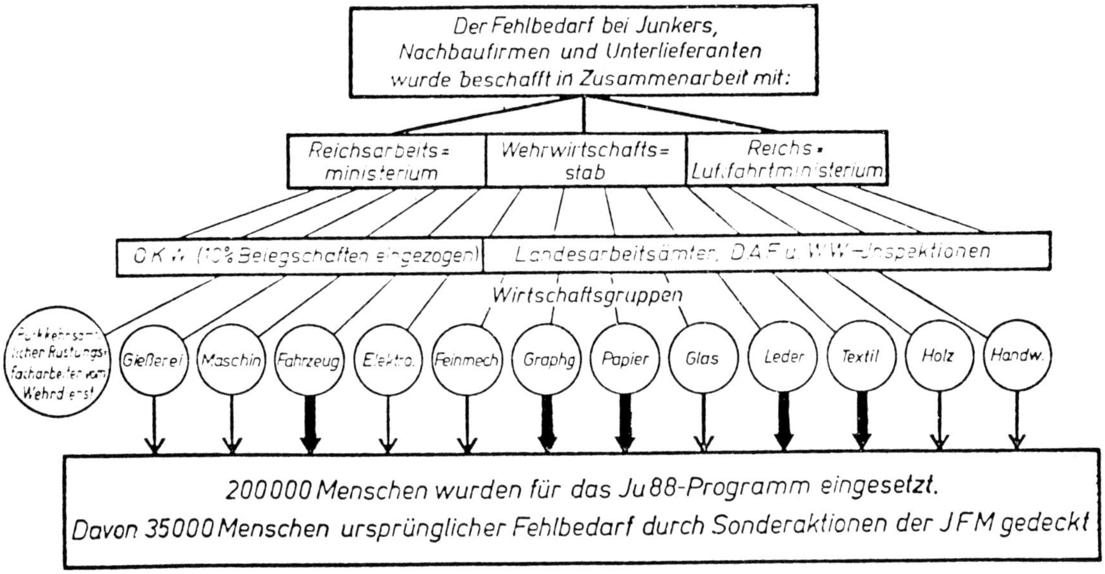

Zur Deckung des Fehlbedarfs war Herausziehung u. Umschulung von Arbeitskräften aus der Nichtmetallindustrie erforderlich

Einstellung und Umschulung von Frauen, Ausländern und Kriegsgefangenen

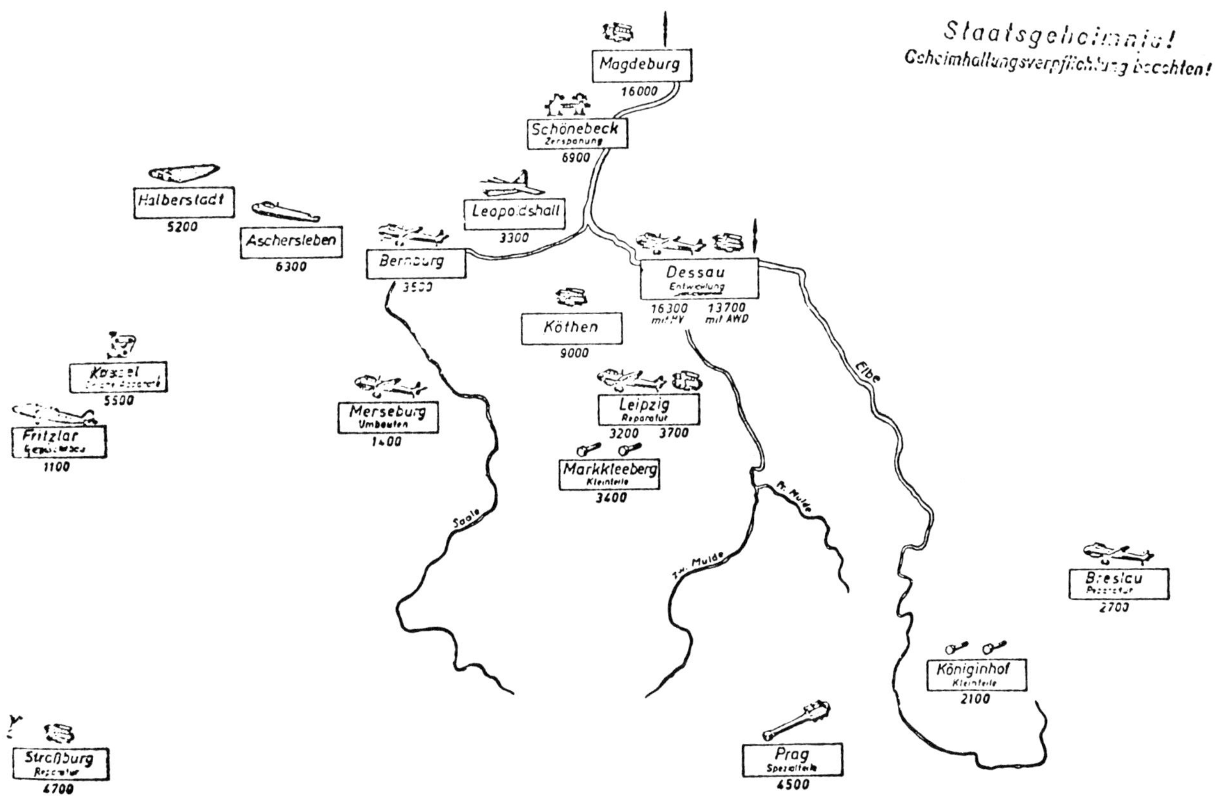

Vorschläge von JFM an RLM zur Erfüllung der Programme und Überwindung von Engpässen

1938 Beschaffung von

30 000 to	Aluminium Verteilung: Alu-Werke Süddeutschland Lautawerk und Jtalien je 10 000 to	Kommt nicht zur Durchführung
30 000	KW Kraftstrom Ausbau Jnnstufe und Sicherstellung Stromversorgung Mitteldeutschland	Plan wird nicht aufgegriffen
20 000 to	je Monat = 240 000 jato Stahl u. Eisen aus ČSR	Wird unterbunden durch Beauftragten Vierjahresplan
600 000 to	Erzen aus Spanien	Scheitert an Devisen
3 000	Werkzeugmaschinen	Werden beschlagnahmt durch Maschinenbeauftragten

Meldungen an und von RLM

August 1939	für Vorrichtungen, Maschinen und Ausbau Unterlieferanten fehlen an Eisen	30 000 to
Februar 1940	RLM gibt Rückstand Alu an	10 000 to
April 1940	JFM-Alu-Monatsverbrauch	640 to
April 1940	Zuweisung vom RLM März 130 to, April 200 to, Mai	200 to
Mai 1940	Es fehlen JFM an Alu bis August 1940	700 to

Fließfertigung kann 1939–40 wegen fehlender Zuteilung nicht in Gang kommen

(Alu Rückstand für Gesamtprogramm war im Monatsdurchschnitt 1200 to

J.17991
5

Täglich neue unerwartete Schwierigkeiten gefährdeten auch die reduzierten Programme

Beispiele:

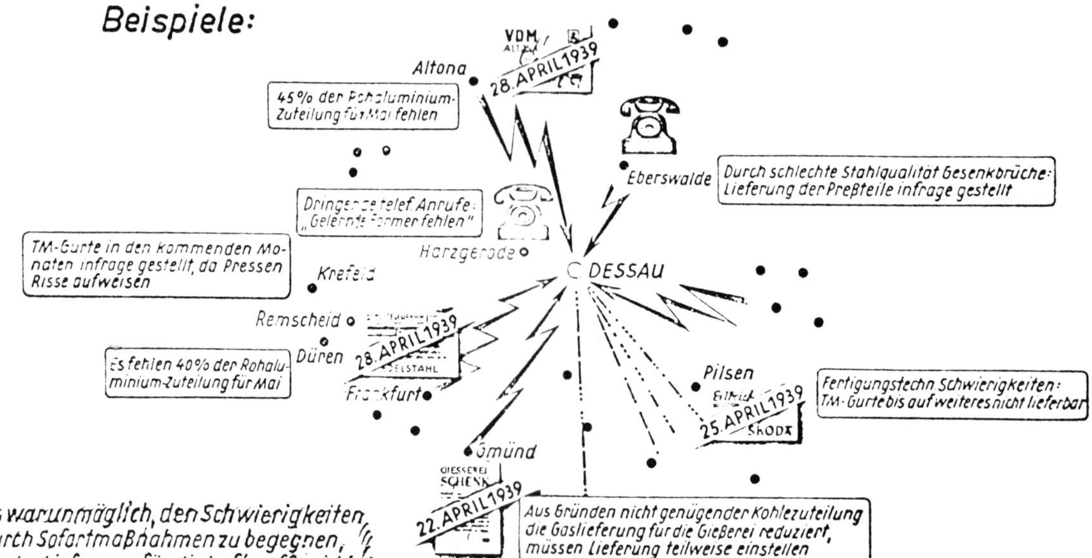

(Es war unmöglich, den Schwierigkeiten durch Sofortmaßnahmen zu begegnen, da die Lieferung für die Luftwaffe nicht an erster Stelle stand

J.18044
5

Beispiele von Engpässen die zur Zentralsteuerung führten

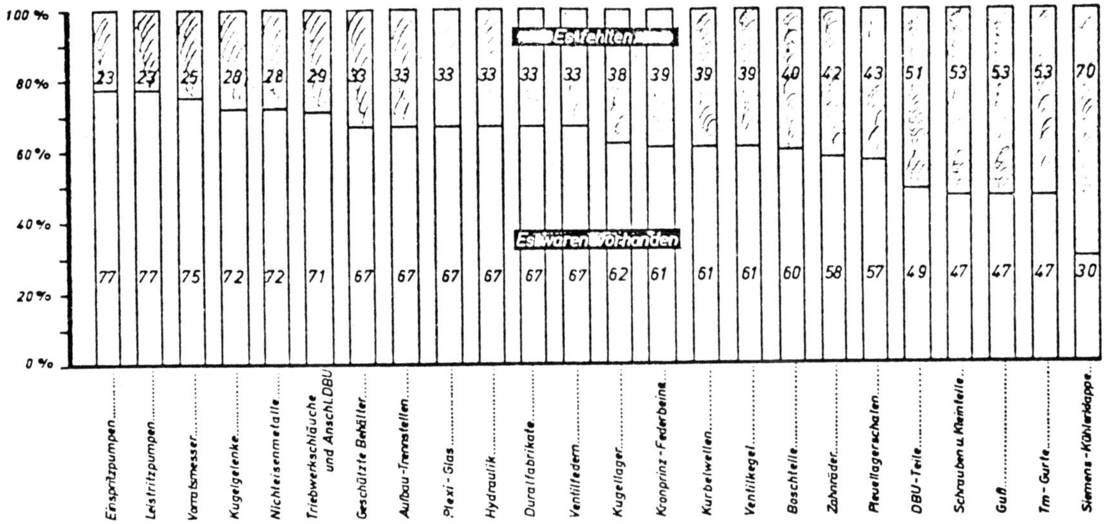

1938/39 wurden dem RLM die Engpässe zur Bedarfsdeckung gemeldet.

1939/40 JFM greift wegen mangelnder Unterstützung zur Selbsthilfe.
Lieferwerke zu klein. Es fehlen Menschen, Maschinen, Betriebseinrichtungen und Rohstoffe.
RLM hat JFM und Unterlieferanten zum Ausbau verpflichtet, jedoch fehlten die Zuteilungen der kontingierten Materialien durch die Reichsstellen.

1941 Engpässe trotz Widerstände behoben.

Chronologie der Ereignisse

APRIL 1940
- **9 April** Besetzung Norwegens
- **14 April** Reise des Beauftragten des RLM nach Norwegen zur Ermittlung der Alu-Bestände
- **18 April** I. Kauf- u. Liefervertrag mit norweg. Alu-Firmen durch Dr. Koppenberg

MAI 1940
- **8 Mai** Anordnung des Führers daß die gesamten vorhandenen Aluminiumvorräte sowie die vorhandene Aluminiumkapazität in Norwegen der Luftwaffe zur Verfügung stehen
- **10 Mai** Dr. Koppenberg wird Treuhänder für die norwegische Aluminiumindustrie

JULI 1940
- **23 Juli** Vollmacht Dr. Koppenbergs für die Aluminiumindustrie der besetzten Westgebiete und der Schweiz

AUGUST 1940
- **20 Aug.** Bildung des Junkers-Aluminium-Büros

OKTOBER 1940
- **1 Okt.** Dr. Koppenberg wird Verwalter des Feindvermögens der norwegischen Aluminiumindustrie

NOVEMBER 1940
- **12 Nov.** Befehl des Reichsmarschalls für den Ausbau der norwegischen Aluminiumindustrie

DEZEMBER 1940
- **3 Dez.** Gründung der (Nordag) Nordischen Aluminium-AG

APRIL 1941
- **30 April** Auftrag, im Südostraum eine eigene Rohstoffbasis für die norwegische Aluminiumindustrie zu sichern

MAI 1941
- **28 Mai** Gründung der Hansa-Leichtmetall-AG